KB272343

공장이
사라지고
남은
얼굴들

공장이 사라지고 남은 얼굴들

흩어지지 않은
노동자들은
무엇을 만들었나

희음 기록

재단법인 노동존중
세상을 향한 우직한 걸음
뚜벅이 기획

오월의봄

'자본주의', '자본가' 등의 단어를 마치 구시대의 산물처럼 여기는
사람이 적지 않은 한국사회에서 한국와이퍼 노동자들의 투쟁은
'기울어진 운동장' 자본주의 체제의 현실을 널리 일깨운 대표적
사건이었다. 노동자들은 생존권을 박탈당하는 절박한 상황에
내몰리지만, 자본가는 새로운 기업을 통해 수익을 계속 창출할 수
있다. 안산에 있는 중소기업에서 280여 명의 노동자가 길바닥에
나앉게 됐다는 얘기를 처음 들었을 때, 나를 비롯한 많은 사람들은
사실 '뾰족한 방법이 없다'고 생각했다. 단체협약의 안전장치조차
큰 효력이 없다고 해석하는 전문가들도 많았다. 한국와이퍼
노동자들은 "할 수 있는 모든 걸 다" 하는 피눈물 나는 과정을 거쳐
전문가들의 예측을 통쾌하게 극복했다. 회사의 탄압으로 조합원이
두 명밖에 남지 않은 롯데면세점 노조의 부탁을 받고 한국와이퍼
농성장에 찾아가 "조합원이 두 명이라고 하면 많은 동지들이
애처로운 눈으로 바라보지만, 곁을 지켜준 단 한 사람의 조합원이
있었기에 지금까지 싸울 수 있었습니다. 저희보다 100배 많은
조합원이 계시는데 뭔들 못하겠습니까?"라고 시작하는 연대사를
대신 읽으며 울컥했던 기억이 지금도 생생하다. 이와 같은 많은
연대가 승리를 가능하게 했을 것이다. 노동자들의 땀과 눈물이
고스란히 배어 있는 이 기록은 한국 노동운동 미시사의 소중한

성과이다. 이제 한 걸음 더 나아가 자본가의 임의적 사업 중단 결정을 규제하는 제도를 마련하는 일에 머릿돌이 될 수 있기를 기대해본다.

—하종강, 성공회대학교 노동아카데미 주임교수

《공장이 사라지고 남은 얼굴들》이라는 제목을 듣고서 '그래, 그렇지!' 싶었습니다. 선언이 아니라 실천으로, '함께'의 힘으로 노동의 존엄을 지킨 사람들, 한국와이퍼 노동자들입니다. 고용안정협약이라는 엄연한 약속이 깨지고, 청산과 해고라는 막다른 상황에서 이들은 서로를 지키는 길을 선택했습니다. 공장이 사라진 뒤에도 흩어지지 않고 함께 남아 새로운 길을 열었습니다. 이웃 노동자들과 옆에서 함께 걷는 공익재단 '뚜벅이'입니다. 그렇습니다. 이 책은 단순한 해고 반대 투쟁의 기록이 아닙니다. 노동의 권리는 어디에서 시작되는지, 우리는 서로의 삶을 어떻게 지켜낼 것인지 스스로 묻고 함께 답을 찾아온 시간, 그리고 계속해서 이어지는 연대의 기록입니다. 이들의 이야기가 우리 사회에 또 하나의 희망의 근거로 남기를 바랍니다.

—우원식, 제22대 국회 전반기 국회의장

다가올 50대에는 어떤 사랑을 할까. 요즘엔 그런 생각을 한창 하고 있다. 그래선지 나에게는 이 책이 사랑의 기록 같았다. 한국와이퍼 언니들의 사랑, 한국과 일본 활동가들의, 변호사들의, 그리고 윤미의 사랑. 한국와이퍼분회의 시작부터 뚜벅이재단 설립까지의 과정은 사랑으로 인해 너무나 창조적이며, 한 명 한 명의 인터뷰를 읽어갈수록 가슴이 데워진다. 책을 덮을 땐 그윽한 존경으로 가득 찬다. 언니들의 시간은 이제 이야기가 되어 세상에 퍼질 거예요. 그래서 저 같은 사람이 앞으로 무엇으로 살아갈지, 배우를 하며 어떤 인간을 모방할지 기준이 되어줄 거예요. 이 책은 그런 걸 가르쳐주는 학교다. "담장이 없는 누구나의 학교." 많은 분들이 이 이야기를 만났으면 좋겠다.

—강말금, 배우

한국와이퍼 전경. 300명이 넘는 노동자가
함께 일하며 삶을 꾸리던 일터였다.

'함께 잘 남는 일'을 따라간 기록

한국와이퍼는 경기도 안산시 반월공단에 위치한 자동차 와이퍼 생산 공장이었다. 1987년, 일본 덴소 그룹의 투자로 세워진 곳이었다. 노동자들은 오랜 시간 이곳에서 일하며 생활을 꾸렸다. 여성 노동자가 3분의 2가량이었고, 그중에는 집안의 가장 역할을 도맡은 이도 적지 않았다. 이들 일상의 리듬은 공장의 시간과 동료들의 시간에 전적으로 기대어 있었다. 공장은 노동자들의 삶을 아래위에서 감싸는 지붕이자 영토였다.

그랬던 공장이 2022년 7월에 청산을 통보했다. 노동자들은 고용안정협약을 근거로 청산 철회를 요구하며 장기간의 교섭과 투쟁에 나섰지만, 공장은 끝내 문을 닫았다. 2023년 8월이었다. 노동자들은 일하러 갈 곳을 잃었고, 자신의 이야기와 땀과 리듬이 오롯이 밴 장소 또한 잃었다.

하지만 이것을 서사의 마지막이라 할 수는 없다. 그들이 이 싸움의 이야기를 여기서 끝나도록 만들지 않았기 때문이다. 공장은 사라졌지만 사람들은 흩어지지 않았고, 만남은 이어졌다. 공장 문이 닫힌 자리에서 이들은 다른 문을 열어나갔다. 함께 싸워온 서로의 얼굴을 바라보며 새로운 질문들을 만들어나갔다.

청산과 해고에 맞선 한국와이퍼 노동자들의 시간은 현장에 있던 모두를 지키려는 싸움이기도 했다. 한 사람도 소외되거나 탈락하지 않기를 바라며 한 투쟁이었다. 흔들리는 이들을 자꾸 다시 붙들고, 누구든 걸려 넘어질 수밖에 없는 조건을 서로의 곁에서 함께 견뎠다.

투쟁에 관한 이야기를 반복해서 듣고 또 들여다보면서 나는 생각했다. 이 시간을 지탱한 힘은 관계를 지속시키는 기술로부터 나온 것이 아닐까? 그리고 이 기술은 오랫동안 돌봄과 재생산의 부담을 일상적으로 짊어진 노동의 경험 속에서 축적된 것이 아니었을까? 취약한 자리를 돌보고 가깝거나 먼 관계를 두루 살피고 이어야만 나 자신과 우리 모두의 삶이 지속될 수 있다는 경험과 감각 말이다. 누군가의 몸 상태를 먼저 살피고, 생계의 균열을 함께 계산하며, 불안을 개개인의 사정으로 환원하지 않는 태도 또한.

이와 같은 태도와 감각은 이 싸움에 다른 옷을 입혔다. 투쟁이라는 것을, 버티거나 견디는 일을 넘어 '함께 잘 남는 일'로 나아가게 했다. 이 싸움에서 끝까지 함께 남은 209명이라는 숫자는 굳건하고 올곧았던 개인들의 힘이 만들어낸 것이라기보다는 서로를 놓지 않는 '관계'가 밀어올린 결과라 할 수 있었다.

이 관계는 또한 공장 안에만 머물지 않았다. 투쟁의 시간에는 늘 마을과 지역의 얼굴들이 함께했다. 이들은 위기의 순간에 갑자기 불려나온, 울타리 바깥의 사람들이 아니었다. 서로의 체온을 이미 알고 있었던 '이웃'이었다. 이웃이란, 반복된 만남이 쌓인 구체적 관계의 다른 이름이라 할 수 있었다. 그들의 뜨거운 호혜이자 실천이 그곳에 있었기에 209명이 끝까지 남은, 한국와이퍼의 싸움은 비로소 가능했다.

'민주노총 금속노조 경기지부 시흥안산지역지회 한국와이퍼분회'(이하 한국와이퍼분회)는 공장이 없어진 뒤에도 여전히 존재하고, 조합원들은 흩어지지 않은 채 이후의 삶을 함께 고민하고 있다. 어떻게 다시 일하는 몸으로 돌아가 일상의 리듬을 새로이 다지고 수용하고 재조립할 수 있는지, 이때 우리에게는 무엇이 필요한지, 나와 닮아 있는, 더욱 불안정한 노동으로 밀려난 이웃들과 함께 우리는 어떻게 안전한 삶을 꾸려나갈 수 있는지를.

이 질문의 연장선에서 만들어진 것이 '재단법인 뚜벅이'(이하 뚜벅이재단)다. 이를 단순히 투쟁의 결괏값이라거나 보상의 한 형태로만 봐서는 안 된다. 뚜벅이재단은 투쟁을 통해 형성된 관계를 다른 방식으로 지속하기 위한 거점이자 현재 진행형의 열린 장이다. 이 싸움은 고립되거나 취약해지기 쉬운 조건에 있는 이웃 노동자의 삶을 함께 지탱하려는 힘으로 확장되었으며, 지금도 여전히 그 다정한 힘의 너비를 키우는 중이다.

외국인투자자본(이하 외투자본)은 책임을 산산조각 내고 이곳을 떴지만, 남은 사람들은 각자의 삶을 흩어진 채로 두지 않기로 했다. 이 책은 그런 마음과 약속이 어떻게 시작될 수 있었는지, 그 마음과 약속이 어떤 시간과 기술과 애씀을 통해 실천되고 유지되는지를 기록한다. 공장은 사라져도 관계는 사라지지 않은 자리에서, 투쟁은 부당함에 거칠게 맞서 싸워 승리를 쟁취하는 것만이 아니라 서로를 다시 세우고 지키는 방식으로도 이어질 수 있다고 말하는 목소리를 전한다.

한국와이퍼의 이야기는 많은 몸들이 어깨를 걸고 함께 통과한 시간을 통해 묻는다. 권리가 어떻게 체온을 통해 확장될 수 있는지, 돌봄이 어떻게 정치가 되는지, 서로의 곁에 선 이웃이 어떻게 이 견고해 보이는 자본주의 체제라는 회벽에 균열을 내는지. 또 이 이야기는 우리가 어떤 사회를 너무 쉽게 받아들여왔는지를 묻는다. 그 사회를 바꾸기 위해 어떤 관계와 공간을 다시금 새롭게 만들어나가야 하는지를 묻는다.

내가 한국와이퍼의 이야기를 제대로 듣기 시작했을 때 공장은 이미 사라져 있었고 뚜벅이재단이 만들어진 지도 1년 남짓 지나 있었다. 하지만 나는 이 투쟁이 '함께 잘 남는 일'로 나아갔다는 사실을 특히 힘 있게 붙들고 싶었다. 이는 투쟁 이후의 시간 역시 이 싸움의 일부로 들여놓았다는 걸 의미하는 것이기 때문이다. 이 사실로부터, 조금 늦게 도착한 이 기록이 반드시 늦은 것만은 아니게 될 가능성을 읽는다.

　　나는 중년 여성의 몸으로 창작과 기록, 자원활동과 서비스노동을 오가며 오랜 기간 동안 안정된 고용 없이 삶을 지탱해왔다. 그것은 내가 이 싸움의 결과를 바라보며 받아 적기만 하는 외부자의 위치에 있지 않다는 의미일 수 있다. 이 싸움이 품었고 지금도 여전히 품고 있는 질문 곁에 조금은 가까이 서 있는 사람일 수 있겠다는 생각을 한다. 그렇기에 한국와이퍼의 시간은 나에게 하나의 굳어진 과거로 읽히지 않았다. 그것은 이후의 선택과 다음의 삶을 계속해서 호출하는 현재의 이야기에 가까웠다. 이 기록은 바로 그 현재 위에서, 과거와 미래가 겹쳐지는 지점을 더듬고 거기에 연루된 숱한 얼굴들을 상상하며 이어간 기록이다.

한국와이퍼 공장이 있었던 자리.
청산 이후 이곳은 공장 옆 제지사에 매각돼
현재 주차장으로 쓰이고 있다.

차례

추천의 말 **5**

들어가며: '함께 잘 남는 일'을 따라간 기록 **9**

1부 | 투쟁과 연대와 돌봄의 역사   **18**

<1장> 노조가 생기기 전, 이미 시작되고 있던 싸움 **21**

<2장> 싸움의 형식을 갖추다 **30**

<3장> 약속을 문장으로 만들다 **37**

<4장> 청산 발표에 맞서, 서로를 붙들고 공장 밖으로 **44**

<5장> 저항하고, 지키고, 돌보는 몸 **51**

<6장> 공장을 덮친 700여 명의 경찰 **59**

<7장> 국경 너머의 연대 **67**

<8장> 이웃은 어떻게 싸움의 형식이 되었는가 **76**

<9장> 사회적 고용기금이라는 선택과 뚜벅이재단이라는 미래 ···· **85**

#장면들   **98**

2부 | 목소리들   **126**

<1장> 끝까지 함께   **129**

<2장> 묵묵히 나아가기   **149**

<3장> 이웃, 동사가 되다   **170**

<4장> 법과 정치, 그리고 더 멀리   **204**

<5장> 서로를 세우며 나아가도록   **228**

나가며: 몸들이 남았다   **245**

한국와이퍼 투쟁 연표   **247**

1부

투쟁과 연대와
돌봄의 역사

이 싸움은 처음부터 이름을 가진 투쟁이 아니었다. 두드리는
목소리가 있었고, 다른 누군가가 목소리를 포갰으며, 또 다른
누군가가 그 곁을 지켰다. 한국와이퍼의 시간은 확고한 결의보다
온기를 잇는 선택들이 겹겹이 더해지며 나아갔다. 기업의 결정권자가
모습을 숨기고 기계들이 빠져나간 뒤에도 사람들은 수개월 전의 여느
날처럼 공장에 나가고, 같이 밥을 먹고, 서로의 컵을 채우며 저마다의
안녕을 확인했다. 그 하루하루가 쌓여 투쟁이 되었다.
한국와이퍼분회의 시간은 엮은 팔짱을 하나씩 차례로 늘려간
시간이라고도 할 수 있다. 가까운 곳에 주의 깊게 듣는 귀가 있었고,
어려운 숫자와 법률을 풀어 설명하는 도처의 목소리가 있었다.
누군가는 기다렸고, 누군가는 돌아보았고, 또 다른 누군가는 원래의
자리를 다만 믿고 지켰다. 그렇게 이어진 시간 속에서 싸움은 점점 더
넓고 따뜻한 자리를 만들어갔다. 공장이 사라진 뒤에도 관계가 남을
수 있었던 것은 이미 그 이전의 시간 속에 체온 섞인 실천이 두껍게
녹아 있었기 때문이다. 그래서 1부의 이야기는 노조가 생기기도
전의, 한참을 거슬러 올라간 어느 시기에서 시작한다.

일러두기

· 일관된 기록 형식을 유지하기 위해 면담자와 등장인물에 대한 존칭은 생략했다.
· 2부에서 직함, 직업, 역할에 대한 표기는 2023년 8월을 기준으로 한다.
· 인터뷰는 2025년 6월부터 12월까지 진행했다.

< 1장 > # 노조가 생기기 전,
이미 시작되고 있던 싸움

하나의 질문이 현장을 바꾸다

2008년 6월이었다. 한국와이퍼 공장 안 식당, 형광등 불빛 아래 노동자들이 삼삼오오 모여 앉아 있다. 노사협의회 임금협상 설명회였다. 매년 이맘때면 열리는 의례적인 행사라 할 수 있었다. 앞자리에는 현장 관리자인 남자 직반장들이 앉아 있었다. 그들이 노측 위원이었다. 생산직의 최고 위치에 있는 직장이 위원장으로서 단상에 서서 설명했다.

"올해 임금은 이만큼 오르게 됐습니다."

그는 숫자가 적힌 서류를 들어 보였다. 인상률은 미미했으나 모여 있던 이들은 고개를 끄덕였다. 매년 비슷했기 때문에 이번에도 그러려니 했다. 회사가 결정한 인상률을 노측 위원이 전달하고 노동자들은 그걸 무심히 받아들여왔다. 그런데 갑자기 뒤쪽에서 손 하나가 올라왔다. 작지만 힘 있게 그가 말했다. 입사한 지 2년이 조금 지난, 체구가 작은 젊은 여성, 최윤미의 목소리였다.

"재무제표는 확인해보셨어요? 지금 이 임금인상 수준은 우리가 만족할 수 있는 수준이 아닌 것 같은데."

회의실 분위기가 돌연 차가워졌다. 노측 위원장의 얼굴이 붉어졌다. 최윤미는 한국와이퍼의 재무제표를 찾아본 적이 있었다. 주식회사였기 때문에 공시되어 있는 것이 당연했다. 회사는 매출이 좋았고 이윤도 꽤나 높았다. 그에 비해 임금인상률은 너무 낮았다. 수긍하기 힘든 수준이었다.

그날 회의는 어정쩡하게 마무리되었지만, 사람들 사이에는 예전과는 다른 공기가 흘렀다. 노사협의회의 회의는 원래 이런 자리가 아니었다. 회사가 내린 결정과 지표와 요구를 전달받은 노측 위원이 다수의 노동자들에게 통보하는 자리. 다시 말해, 질문이 존재하기 어려웠고 이의 제기는 분위기를 깨는 행위로 여겨지는 자리였다. 그런데 누군가가 균열을 일으킨 것이다.

그해 12월, 노사협의회 노측 위원장 선거가 열렸다. 여느 때처럼 직장, 반장 같은 사람들이 줄줄이 후보로 나왔다. 그사이 누군가가 최윤미의 이름을 불렀고, 추천을 받은 최윤미 또한 후보가 되었다. 그렇다고 그가 당선될 것이라 생각한 사람은 없었다. 나이 지긋하고 경력도 많은 남성 현장 관리자가 또

위원장이 되겠거니 했다.

개표 결과가 나왔을 때, 모두가 당황했다. 최윤미가 제일 많은 표를 받았다. 위원장으로 점쳐졌던 이와의 표 차이가 상당했다. 장내가 웅성거림으로 가득 찼다. 최윤미도 당황하긴 마찬가지였다. 입사한 지 이제 2년이 조금 넘었을 뿐인데 노측 위원장이라니. 하지만 그 와중에도 허투루 여길 수 없는 의미 하나를 발견했다. 최윤미는 당시를 이렇게 회상했다.

"이미 표 제일 많이 나온 사람이 위원장이 되는 거라는 말이 나온 뒤였고, 결과는 되돌릴 수 없었어요. 그렇게 노사협의회의 대표성이 처음으로 현장 여성 노동자의 손에 넘어왔어요."(최윤미)

현장 여성 노동자가 처음으로 이 현장을 대표하게 되었다는 사실. 그 의미는 무척이나 무겁고도 귀한 것이었다. 처음엔 말리는 이들이 꽤 있었다. 회사에 대해 더 많이 알게 된 뒤에 해도 늦지 않다고. 하지만 최윤미는 고민 끝에 결국 위원장직을 수락했다.

최윤미의 이유는 간단했다. "당선됐으니까." 위원장 자리에 대해 생각해본 적은 없었지만, 그가 뽑힌 것은 사람들이 그를 필요로 했기 때문이다. 재무제표와 임금인상률에 대한 그의 용기 있는 질문이 다른 모두의 마음에도 질문으로 배어들었다는 신호였다. 또한 그 질문에 대한 답을 함께 찾아가보자는 모두의 호명일 수 있었다. "당선됐으니까"라는 그의 말은 그 호명에 응답하고 책임을 지려 했다는 뜻이었다.

최윤미는 그 책임을 온전히 지기 위해 공부를 시작했다. 안산·시흥비정규노동센터(이하 노동센터)에서 노사협의회 교육을 들었고, 임금구조에 대해 배웠다. 하지만 기존의 노사협의회 체계는 최윤미를 반기지 않았다. 사측, 노측 위원들이 한마음으로 그를 따돌리기 시작했다. 간사끼리 일정을 잡고 간사끼리만 소통하며 위원장을 허수아비로 만들려고 했다. 최윤미는 가만있지 않았다.

"회사랑 교섭할 때 간사끼리 날짜 잡고 간사끼리 얘기할 거면 앞으로 임금교섭 안 하겠다고 했어요. 이 자리에 안 나오겠다고." (최윤미)

그 뒤부터 체계가 바뀌었다. 사측 위원장과 노측 위원장이 모든 결정을 같이 하는 것으로. 최윤미는 "그거 제대로 만드는 데도 몇 개월은 걸렸던 것 같다"라고 말했다.

누구도 모르고 지나치지 않도록

하지만 교묘한 괴롭힘은 쉽게 끝나지 않았다. 임금교섭이 진행 중인 상황에서 최윤미가 속한 부서만 잔업이 끊겼다. 잔업이 끊기면 잔업수당이 줄고 자연히 총급여도 줄어든다. 이는 당장 생활이 쪼들리게 될 수 있다는 의미였다. 그러자 "우리 부서가 찍혔고 그건 최윤미 때문"이라는 얘기가 나돌았다. 동료들이 최윤미를 불렀다. "회사에 교섭하러 들어가서 뭐라고 얘기했길래 우리 반만 이렇게 잔업이 없는 거냐"고 따져 물었다. 실상은 회사의 보복이었지만, 사람들은 최윤미가 잘못을 저질러 모두가 피해를 본다고 생각했다.

최윤미는 속상해하거나 좌절하는 대신, 설명을 하기로 마음먹었다. 동료들 잘못이 아니었기 때문이다. 지금 정확히 어떤 일이 일어나고 있는지, 최윤미가 무엇을 지켜내기 위해 애쓰고 있는지, 또 우리에게 지금 무엇이 중요한지를 알면 동료들의 반응도 다를 것이었기 때문이다. 최윤미는 똑같은 얘기를 쉬는 시간마다 했다. 보이지 않는 지난한 노동이었다. 하지만 최윤미는 모두가 알아야 하는 것을, 누구도 모르고 지나치지 않도록 전해야 한다고 생각했다. 그 바탕이 제대로 깔려야만 평등한 소통이 이루어지고 의견이 모일 수 있을 터였다.

최윤미가 쉬는 시간마다 부서를 돌며 같은 말을 반복한 그 많은 시간과 태도는, 어쩌면 한국와이퍼분회의 209명이 이

탈 없이 투쟁을 잇도록 한 힘의 구조물에서 가장 아랫면에 빽빽이 깔린 자갈 같은 것이었는지도 모르겠다.

최윤미를 중심으로 움트기 시작한 관계의 울타리를 회사는 잔업을 끊는 등의 보복으로써 무너뜨리려 했지만, 그것은 오히려 울타리를 더 튼튼하게 했다. 사람들은 최윤미의 목소리를 더 가까이에서 듣게 되었고, 오해 또한 풀렸다. 그렇게 신뢰가 쌓여갔다.

2년 뒤인 2010년에 노사협의회 선거가 돌아왔고 최윤미는 재선됐다. 이번에는 노측 위원들을 어떻게 구성할지도 미리 설계했다. 위원들을 현장 사람들로 다 바꿔야 한다고 생각한 것이다. 함께 활동할 수 있는 사람들이 모였다. 미리 표 계산을 해서 이들이 전부 당선되게 만들었다.

"이때부터 노측 위원 사람들끼리 친해지고 얘기도 잘하고 막 우리들끼리 밥도 먹으러 가고 그랬어요. 이번 교섭을 같이 어떻게 할 건지 계획도 하고 회의도 하고." (최윤미)

뒤이어 '밥심 모임'이라는 걸 만들었다. 노사협의회 활동을 하는 사람들을 비롯해 뜻을 같이할 수 있는 사람들을 모았다. 공장 옆 식당 이름이 '밥심'이었고 늘 거기에 모여서 이야기했기 때문에 자연스레 그 이름을 썼다. 최윤미는 "다 밥 먹고 살자고 하는 일이고, 일은 밥심으로 하니까"라는 설명도 덧붙였다.

다섯 명으로 출발한 밥심 모임은 그 인원이 점점 늘어났다. 나중에는 작업반별로 ‘소통위원회’를 만들었다. 노조로 보면 대의원 체계 같은 것이었다. 이들은 함께 워크숍도 갔다. 모여서 공부도 하고 전문가를 섭외해 따로 교육도 들었다. 노동대학에도 다녔다. 노사협의회를 어떻게 운영해야 노동자들의 일하는 환경이 나아질 수 있을지, 모두의 권익을 보호할 수 있을지를 함께 궁리했다. 이 모든 활동은 관계를 만드는 작업이자 신뢰를 쌓는 과정이었다. 그리고 이것이 나중에 만들어질 노동조합의 주춧돌이 되었다. 작업반별 소통위원회는 나중에 노조의 대의원 체계로 고스란히 이어지기도 했다. 노조가 생기기 전에 이미 노조 되기 연습을 하고 있었던 셈이다.

산재 신청과 육아휴직이라는 몸의 투쟁

2007년의 어느 날엔 최윤미가 허리를 다쳤다. 7단으로 쌓인 박스를 핸드카에 옮겨 싣기 위해 빠르게 가슴 쪽으로 당기다 허리를 삐끗했다. 박스 안에는 와이퍼의 본체로 쓰일 쇳대가 가득 들어 있었고, 박스 더미는 최윤미의 머리 위로도 50센티미터가 넘게 올라오는 높이로 적재돼 있었다. 애초에 무리가 되는 작업이었다. 최윤미는 총무부 담당자를 부르고 일을 중단한 뒤 병원으로 직행했다. 그런데 담당자는 나중에 "집 안일 많이 하시다가 아픈 건지, 회사에서 일하다 아픈 건지 어떻게 아냐"는 질문을 했다. 참을 수가 없었다. 최윤미는 직접 산재 신청서를 썼다. 사건 경위부터 작업 경과까지 빠짐없이 기록했고, 작업하던 곳의 사진도 찍어 첨부했다.

당시 한국와이퍼에서 허리를 다치는 사고는 흔했다. 하지 만 누구도 그 정도로는 산재 신청을 하지 않았다. 보고조차 하 지 않는 경우가 대다수였다. 어딘가 삐끗하면 쉬는 날까지 참 았다가 병원엘 가거나 혼자 조용히 약을 삼켰다. 참으면서 일 하는 것이 당연했다. 회사에 책임을 묻는다는 생각을 할 수가 없었다.

최윤미의 산재 심사가 이루어지는 동안 회사에서는 난리 가 났다. "윤미야, 너 회사 잘린대"라며 전화를 해오는 이도 있 었다. 그러다 산재 승인이 났다. 최윤미는 염좌로 3개월 유급 휴직을 한 뒤 복직했다. 총무부에서는 "이제 사람들이 당신을 싫어할 것"이라고 말했지만 현장의 반응은 전혀 그렇지 않았 다. 회사에 산업재해 예방 지도 명령도 떨어졌다. 박스 당기는 일을 할 수 있는 남성 직원을 충원하라는 내용이었다. 그렇게 작업환경이 개선되었다.

2011년에는 최윤미가 첫 임신을 했다. 만삭 때까지 조립 일을 하며 버티다가 육아휴직을 사용했다. 법적으로 육아휴직 제도는 있었지만 실제로 쓰기 쉽지 않은 구조였다. 임신한 직원들은 대부분 배가 많이 불러오기 전에 그만뒀다. 현장에서도 "저렇게 배불러 일하면서 다른 사람들한테 피해 준다"는 얘기가 수시로 들렸지만, 최윤미는 버텼다. 그렇게 한국와이퍼 육아휴직 1호가 되었다. 공장 노동자 여성도 임신하고 출산하고 육아를 하며 일을 지속할 수 있다는 가능성을 보여주었다.

허리 염좌에 대한 첫 산재 신청과 첫 육아휴직. 처음이라는 사실의 무게와 처음이기에 감당해야 하는 비난의 크기만큼, 다음 사람은 애를 조금 덜 써도 된다. 그다음엔 그것이 새로운 노동조건으로 자리 잡는다. 그런 의미에서 이 처음의 시도 또한 결코 가볍지 않은, 중요한 싸움일 수 있었을 것이다.

한국와이퍼 노조는 어느 날 갑자기 생기지 않았다. 사람들은 밥을 먹으며 민주주의를 연습했고, 몸의 말로써, 산재 신청과 육아휴직으로써, 권리를 현실로 만들어냈다. 오랜 시간 관계를 쌓고, 신뢰를 만들고, 함께 배우는 과정 끝에 2018년에 이르러서야 노조가 세워졌다. 그러니 이곳의 노조, 한국와이퍼분회는 새롭고 극적인 변화였다기보다는 이미 존재하던 관계에 새 이름을 붙인 것에 가까웠다.

2장

싸움의 형식을 갖추다

공부하는 현장, 숫자를 읽는 노동자들

2009년, 노사협의회 노측 위원들이 현장 노동자로 구성된 이후, 현장에서는 예전과는 다른 종류의 대화가 시작되었다. 관심사는 여전히 임금에 관련된 것이었지만 단지 힘들다는 호소보다는 어째서 계속 이 상태가 되풀이되는지에 관한 질문이 오르내렸다. 급여명세서를 오래 들여다보았고, 최저임금이 인상되어도 실제 임금은 왜 오르지 않는지를 의아하게 여겼다. 잔업수당이 최저임금에도 못 미치는 기본급을 기준으로 계산된다는 점을 특히 불합리하게 느꼈다.

이 시기 소통위원회는 자연스럽게 '공부하는 조직'이 되어갔다. 구성원들은 2010년대 초반, 노동센터에서 진행하던 노사협의회법 교육과 임금 교육에 참여했다. 그 과정에서 통상임금이라는 개념이 본격적으로 공유되었다. 당시 노동센터 산하 안산시비정규직지원센터의 센터장이었던 박재철은 그 시기를 이렇게 기억한다.

"최윤미가 한국와이퍼에 입사할 때부터 인연이 있었어요. 그러다가 최윤미가 운 좋게 노사협의회 노측 위원장이 되고, 그때부터 본인이 이 노사협의회 활동을 어떻게 할 건가 하는 고민이 많아진 거예요. 그래서 그 시절부터는 노사협의회 운영이나 활동에 멘토 같은 역할을 같이 해왔고, 노사협의회 위원들을 구성해서 교육하고, 같이 워크숍도 하고, 이런 과정을 같이 쭉 만들어왔어요." (박재철)

노사협의회와 소통위원회는 노동센터의 도움으로, 또 서로를 향한 격려와 지지로 공부하며 성장해나갔다. 숫자를 해석하는 법을 배웠고, 배운 것을 다음 사람에게 알려주었다. 순조롭고 즐겁기만 했다고 말할 수는 없는 과정이었다. 피로한 몸을 수시로 채근해야 했다. 모임은 잔업 후에야 시작해 밤이 깊어지도록 이어졌고, 자정을 넘겨 귀가하는 건 예사였다. 뒤풀이까지 하는 날이면 새벽 3시를 넘겼다. 하지만 이 힘겨웠던 시간은 변화를 만들어냈다. 모두가 회사의 말에 마냥 끄덕이지만은 않게 되었고, 크고 작은 질문이 조금씩 늘어갔다.

2012년, 임금협상을 앞두고 행했던 한 기획은 이 질문들이 처음으로 집단적인 형태로 표현된 것이었다. 당시 회사의 제안과 현장 요구 사이의 간극은 좁혀지지 않았고, 협상은 결렬 상태에 가까웠다. 노동자들은 저마다의 자리를 지키면서도 메시지를 전할 수 있는 확실한 행동이 무엇일지 고민했다. 고안해낸 방식은 단순했다. 등 벽보였다.

"사장님, 우리도 힘들어요."

약속한 시각, 이렇게 적힌 A4 사이즈의 종이를 현장 노동자 전부가 동시에 등에 붙이기로 했다. 그런데 몇몇 사람이 의지에 불타 약속한 시각보다 먼저 등 벽보를 붙였다. 그 바람에 사장실로부터의 메시지도 예상보다 빠르게 내려왔다. 어서 그걸 떼라는 요청이었다. 실패인가 싶었지만 아니었다. 얼마 지나지 않아 사측에서 연락이 왔다. 다시 교섭을 하자는 제안이었다. 임금인상률이 4.5퍼센트로 합의되었다. 이 경험은 노동자들의 감각을 바꾸는 데 결정적이었다. 모두가 처음 해보는 단체행동이 곧바로 강렬한 성취로 이어졌기 때문이다.

비슷한 시기에 또 다른 싸움이 있었다. 보통 한 작업 라인을 두세 명이 한 팀이 되어 맡았는데, 이 경우 누군가 화장실을 가게 되면 작업에 차질이 생길 수 있었다. 그러니 늘 작업반장을 불러다 놓은 뒤에야 자리를 뜨곤 했고, 이것이 규정이었다. 당연히 눈치가 보일 수밖에 없었다. 사람들은 웬만하면 참는 쪽을 택했다. 불만의 목소리는 조금씩 있어왔지만 바뀌지 않았다. 그러던 어느 날 화장실 벽에 종이 하나가 붙었다.

"급똥을 참느라고 불량 내지 마세요. 편안한 장이 생산량을 다 낼 수 있습니다."

유머처럼 보였지만 메시지는 명확했다. 몸의 필요를 억압하는 방식으로는 안전도, 생산성도 지킬 수 없다는 의미였다. 이후, 화장실 이용을 위해 작업반장을 부르는 일은 없어졌다. 한 사람이 화장실에 가면 모두가 작업을 멈추는 것으로 규정이 바뀌었다.

함께 판단하고 함께 버티는 경험, 통상임금 소송

2013년, 갑을오토텍이 상여금을 통상임금으로 인정받으면서 전국적으로 통상임금 소송에 대한 관심이 높아졌다. 당시 노동센터에서도 통상임금 교육이 있어 소통위원회에서도 교육을 들었다. 통상임금은 연장·야간·휴일수당, 연차수당, 퇴직금을 계산하는 기준이 된다. 상여금이 통상임금에 포함되면 '기준임금'이 상승해, 수당의 액수도 함께 커진다. 노동자들의 전체 임금이 높아지는 것이다.

한국와이퍼는 상여금이 650퍼센트였다. 취업 규정을 검토한 결과, 이길 가능성이 보였다. 취업 규정에는 상여금을 재직자에게만 지급한다는 항목이 없었고, 실제로 휴직자에게도 상여금을 지급한 예가 있었다. 이는 상여금의 고정성을 증명하는 것이었기에, 상여금이 통상임금에 포함될 여지가 다분했다. 노측은 먼저 근속수당을 통상임금으로 인정하라고 회사에 요청하고, 3년치 소급분을 받았다. 법적으로 다툴 여지가 없는 요청이었기에 회사는 바로 수용했다. 노동자들은 그 돈을 상여금 통상임금 소송비로 쓰기로 했다.

상여금 650퍼센트를 통상임금으로 인정받으면 회사가 지급해야 할 3년치 소급분 총액이 39억 원 정도 됐다. 회사에 제안했다. 이 정도 금액이면 회사에 너무 큰 부담이 될 수 있으니 교섭을 통해 조율해보자고. 그 뒤로 1년여를 기다렸다. 회사는 끝내 제안을 거절했다. 통상임금이 아니라고 생각하니, 받고 싶으면 소송을 하라 했다. 그제야 소송에 들어갔다. 이것이 한국와이퍼 노동자들의 투쟁 방식이었다. 대화를 먼저 시도하고, 충분한 기회를 주고, 그래도 안 될 때 강경하게 나가는 것. 이는 이들이 일관되게 지켜온, 소통과 관계 맺기의 방식이기도 했다.

그런데 2014년, 1심 소송에서 졌다. 통상임금인 건 맞지만 과거 소급분을 지급할 필요는 없다는 판결이 나왔다. 패소는 충격이었고 사람들은 흔들렸다. 하지만 동요가 그리 크지는 않았다. 소통위원회가 움직였기 때문이다. 이들은 모든 사원과 틈틈이 이야기를 나눴고, 소식지도 만들어 배포했다. 통상임금이 무엇인지, 왜 상여금이 통상임금에 포함되어야 하는지, 1심 판결이 왜 문제인지, 항소심에서는 어떻게 싸울 것인지에 대해 여러 방식으로 찬찬히 설명해나갔다.

소송을 맡은 윤중현 변호사에게 교육도 들었다. 윤중현은 항소심 소송비용을 본인이 감당하겠다고도 말할 만큼 이 일에 진심이었고, 깊이 안타까워했다. 물론 1심 판결의 구멍을 잘 알았기에 다음 소송에서의 자신감을 내비친 것이기도 했다. 윤중현은 모두가 모인 자리에서, 패소의 요인을 숨김없이 전했다. 판결문을 함께 읽었고, 무엇이 문제였는지를 설명했다. 유리한 전망뿐 아니라 불리한 조건도 공유했는데, 이 투명성이 중요했다. 사람들은 기꺼이 그를 믿고 항소에 동참했다. 결국 2016년 항소심에서 이겼다.

재판이 진행되던 시기인 2015년 당시 '일하는 사람들의 생활공제회 좋은이웃'(이하 좋은이웃)이 출범을 앞두고 있었다. 여기에 최윤미가 윤중현과 함께 좋은이웃의 공동대표로 나섰고, 한국와이퍼 사람들 중 80명가량이 좋은이웃의 창립 발기인이 됐다. 좋은이웃은 반월·시화공단을 비롯한 안산 지역의 비정규직 노동자들의 공동체이자 이들의 처우 개선을 위한 일을 '이웃' 차원에서 도모하기 위한 뜻을 가지고 있었다. 최윤미는 당시를 떠올리며 말했다.

"노조도 없는 우리 같은 사람들이 손 내밀 수 있는 울타리 같은 공간이 있다는 게 너무 감사했고 감동적이었거든요." (최윤미)

한국와이퍼는 여기서 멈추지 않았다. 통상임금 소송을 통해 환급받은 돈에서 총 5700만 원을 모아 좋은이웃에 기부하기로 했다. 쉽지 않은 결정이었을 것이고 모두가 여기에 동의하기도 어려워 보였지만, 최윤미는 이 과정이 자연스러웠다고 답했다. 통상임금 교육을 해준 노동센터의 지원과 윤중현 변호사의 뜨거운 조력이 없이는 힘들었을 소송이었기 때문이다. 나는 이 기부가 연대의 실천인 동시에 함께 사는 세상에 대한 믿음의 표현처럼 느껴졌다.

3 장

약속을 문장으로 만들다

2018년, '한국와이퍼분회'가 되다

노사협의회 시절부터 한국와이퍼 사람들 중 몇몇은 민주노총 금속노조 안산지부 시흥안산지역지회 안산시흥일반분회(이하 일반분회)의 일원이었고 최윤미 또한 그랬다. 최윤미는 같은 반월공단에 있는 외국인투자자본 기업인 오스람코리아가 산업 전환을 이유로 청산 발표를 하고 1년이 넘는 노동자들의 투쟁 끝에 결국 2016년, 조합이 해산되고 모두가 한순간에 흩어지는 과정을 지켜봤다. 그러면서 "우리 회사도 저렇게 될 수 있겠다"는 불안을 느꼈다.

회계사를 직접 섭외해 회사 재무구조를 더 깊이 분석해본 결과, 한국와이퍼의 이윤은 모두 일본의 덴소 자본으로 이동하는 구조인 데다 기술 로열티 또한 일본 원청에 과도하게 보내는 형태였다. 이때 최윤미는 "회사가 마음만 먹으면 얼마든지 적자를 만들어 철수할 수 있겠다"는 생각까지 구체적으로 하게 됐다.

당장 피부에 더 가깝게 와닿는 불안을 야기한 결정적인 사안은 제도 변화였다. 2017년, 최저임금 산입범위가 확대되면서 상여금이 최저임금에 포함될 수 있는 구조가 만들어졌다. 반월·시화공단 전반에서 상여금이 사라지거나 기본급에 흡수되는 일이 산발적으로 벌어졌다. 이 변화는 노사협의회나 소통위원회 차원에서 대응할 수 있는 수준을 넘어서는 일이었다.

소통위원회 사람들 사이에서 뚜렷한 한 방향이 합의되었다. 이제는 이야기하고 공부하고 협상하는 조직을 넘어, 더욱 강력한 교섭과 책임을 감당할 수 있는 조직이 필요하다는 것이었다. 노동조합이 필요한 시점이었다. 사람들은 더 부지런히 모여 논의하고 준비했다. 2018년 6월, 임금협상 설명회 자리에서 노조 설립 선언문이 빠르게 읽혔다. 그곳에 있던 현장 노동자들 대부분이 가입서에 서명을 했다. '민주노총 금속노조 경기지부 시흥안산지역지회 한국와이퍼분회'의 시작이었다. 분회장에는 최윤미가 추대되었다.

불안의 경로를 조항으로 봉인하다

노조를 만들게 한 직접적인 계기는 임금 문제였지만, 회사의 심상치 않은 움직임이 하나둘 포착되면서 초점은 이내 이동했다. 고용 문제였다. 고용은 더 나은 노동조건과 환경을 만드는 문제보다 컸다. 생계와 일상을 지속할 수 있느냐, 없느냐의 문제였다. 분회는 당시 회사의 움직임을 예민하게 관찰하고 있었다.

"신차 수주는 2018년도부터 중단이 됐고요. 근데 사실 (생산해야 하는) 물량은 굉장히 많았어요. 이유는 뭐냐면 일본에서 생산해야 하는 물량을 한국에서 생산하게 하면서 일본 수출품이 많아졌기 때문이에요. 물량이 굉장히 많아서 회사 일이 많기는 한데…… 한국에서의 신차 수주가 중단되니 한국에서 사업이 접힐 가능성이 있는 것이 아닌가 하는 고민을 했었어요." (최윤미)

'얼마를 더 받을 것인가'보다 '얼마나 더 일할 수 있는가'가 먼저가 되었다. 회사는 이미 한국에서의 영업을 사실상 멈춘 상태였고, 신차 수주는 끊겼으며 설비투자도 사라지고 있었다. 노동자들이 가장 먼저 요구한 것은 회사로부터 정확한 상황을 공유받는 일이었고, 최소한 문을 닫지 않겠다는 약속을 받는 것이었다. 그러나 말로 하는 약속은 언제든 번복될 수 있었으므로 그 약속을 서류와 조항으로 붙들어둘 장치가 필요했다.

2020년, 한국와이퍼분회는 회사에 고용합의서를 요구했다. 그해 회사가 내놓은 조건은 분명했다. 생산직 현장은 정리하지 않겠다, 대신 사무직은 구조조정을 할 수 있게 해달라, 사무직만 정리할 수 있다면 다른 협상은 가능하다는 것이었다. 이때부터 사무직 노동자들이 하나둘 조합에 가입하기 시작했다. 사무직은 전체 직원 320명 중 50~60명 정도였고, 비율로 보면 소수였다. 하지만 분회는 회사에 정확히 선을 그었다. 직무를 나누지 않겠다고, 사무직 고용 보장 없이는 어떤 합의도 없다고. 합의는 그렇게 사무직과 생산직을 가르지 않는 것까지를 약속하며 마무리됐다.

하지만 2020년의 고용합의서는 '노력하겠다', '신차 수주를 재개하겠다' 등의 말이 되풀이되는 식으로만 작성되었다. 조금은 불안한 합의였다. 그럼에도 구조조정을 하지는 않겠다는 최소한의 선 하나를 지켜냈다는 사실에 당장은 만족했다.

이 시기에 사람들은 투쟁의 구체적인 양식들을 처음으로 함께 배워나갔다. 최윤미는 처음엔 구호를 외치는 일조차 쉽지 않았다고 말했다. 사람들 대부분이 낯설어하고 부끄러워했다. 현장을 돌며 10명씩 차례로 구호를 선창하는 연습을 했다. 그걸 따라 외치다 보면 어느새 한 사람당 수십 번씩 소리를 내게 됐다. 또 생소한 투쟁가 대신 다들 알고 있는 노래를 개사해 함께 불렀다. 가능한 한 가볍고 쉽게 해나가려 했다. 중요한 건 잘하는 게 아니라 같이하는 것이었기 때문이다.

두 번째 고용안정협약

2021년 초, 회사의 움직임이 달라졌다. 재고가 쌓이기 시작했다. 파업에 대비한 움직임으로 보였다. 사무직 조합원들과의 소통으로 그 사실이 확인되었다. 합의서는 있었지만 회사가 그 약속을 지킬 생각이 없다는 판단이 들었다. 사람들은 다시 싸움을 준비했다.

2021년 투쟁은 코로나 한가운데서 진행됐다. 쉽지 않은 조건이었지만, 아이러니하게도 이 상황이 한국와이퍼분회에 유리하게 작용했다. 재고가 있다 해도 기본적인 부품 생산은 필요한데, 이를 위해서는 일본에 있는 공장이 문제없이 돌아가야 했다. 그런데 일본 공장은 외국인 비정규직 노동자 비율이 높았고, 코로나로 이들에 대한 입국이 막히면서 대체생산이 사실상 불가능해졌다. 한국에서 파업이 시작되었을 때 회사는 대응할 수단을 찾지 못했다. 물량은 멈췄고, 생산도 멈췄다. 결국 회사는 협상 테이블로 돌아올 수밖에 없었다.

두 번째 맺는 고용안정협약이었다. 이번에는 청산과 매각

은 물론이고 대체생산, 공장 이전과 구조조정에 대한 결정을
회사 마음대로 할 수 없게 하는 약속을 반드시 넣어야 했다.
고용안정협약서에는 이를 강조하는 문장들이 빠짐없이 기입
되었다. 그리고 원청인 덴소코리아와 주주사 덴소와이퍼시스
템이 이 협약에 연대보증을 섰다.

협약의 내용 또한 탄탄했다. 신차 수주를 비롯해 국내에
서의 영업을 계속할 것을 약속했고, 대체생산을 금지하는 조
항이 들어갔으며, 청산, 매각, 구조조정 시 사전합의를 할 것,
부득이 사업 양도나 매각 시 고용승계를 보장할 것을 문서화
했다. 여기에 결정적인 내용이 하나 추가되었는데, 협약을 위
반할 시 조합원 1인당 1억 원의 위약금을 지급하라는 내용이
었다. 이 같은 조항은 여태껏 어떤 기업과 조합 간 단체협약(이
하 단협)에도 등장한 적이 없었다. 보상이 중요한 게 아니었다.
이는 약속을 어겼을 때 회사가 책임져야 할 무게를 분명히 하
기 위한 장치였다.

"회사 얘기를 더 이상 믿을 수가 없는 거죠. 2020년 합의서를
　이미 한 번 겪었잖아요. 그래서 지키지 않았을 때 감당해야
　할 조건을 넣어야 했어요." (최윤미)

2021년 10월이었다. 회사가 살아야 노동자가 산다는 말
을, 회사의 논리가 아니라 노동자들의 의지와 요구로 다시 쓴

하루였다.

"그때는 사실 많이 안심했어요. 회사가 정말 존속하기를 바랐지, 다른 바람이 있었던 건 아니었거든요. 회사가 이제 다른 생각 안 하고 운영하려고 하겠구나 싶었고, 내부적으로는 분회장도 바꿔보자는 얘기까지 나올 정도였어요. 저희 나름대로는 '이제 괜찮겠다'고 생각한 거죠." (최윤미)

4장

청산 발표에 맞서,
서로를 붙들고 공장 밖으로

다시 찾아온 불안

고용안정협약이 체결된 뒤로 현장은 예전과 같은 긴장 상태에서는 조금쯤 벗어났다. 당장에라도 문을 닫을지 모른다는 불안에서는 한 발 떨어질 수 있었기 때문이다. 사람들은 다시 잔업을 했고, 공정 속도를 맞췄고, 다음 달 생활비를 계산했다. 협약이 미래를 온전히 보장하지는 않았지만, 조금은 마음을 놓고 지금의 삶에 집중해도 된다는 신호 정도는 되었다. 하지만 2022년이 되자 상황은 바뀌었다.

"22년도 초에 이상한 거예요. 재고도 재고인데, 2022년 5월에 매각 소식을 알게 된 거예요. 덴소코리아 와이퍼시스템부가 디와이(DY오토)로 매각된다는 사실에 대해 저희가 정

보를 입수하게 되고.”(최윤미)

처음에는 이해가 잘 되지 않았다. 고용안정협약에는 분명히 ‘매각 시 노동조합과 합의한다’는 조항이 있었다. 그런데 노조와 아무런 협의도 없이 매각을 진행하고 있다는 정보가 들어온 것이다. 분회 임원들은 서둘러 싸움의 방향에 대해 논의했다. 덴소 자본이 이 사업을 접겠다는 의지가 분명하다면, 매각을 무조건 막는 것보다 고용승계를 요구하는 쪽이 낫겠다고 판단했다. 그것 역시 협약에 명시된 내용이었고, 매각이 이루어질 경우 반드시 노동조합과 합의해야 한다는 조항도 분명히 있었다. 분회는 조항을 다시 확인하면서 고용을 지키기 위한 투쟁을 준비했다.

그런데 2022년 7월 7일, 사측은 교섭위원과의 면담 자리에서 처음으로 ‘청산’이라는 말을 꺼냈다. “매각이 아니라 청산”으로 간다는 말을 당시 도무지 납득할 수가 없었다며, 최윤미는 내게 자동차 와이퍼의 구조를 설명해주었다. 와이퍼시스템은 자동차 앞유리를 닦는 전체 구조를 말하는데, 브러시와 쇳대, 그것을 움직이는 모터와 링케이지까지 포함해 하나의 세트를 이룬다. 덴소코리아는 이 전체를 관장했고, 한국와이퍼는 브러시와 쇳대 두 가지만 하도급처럼 생산했다. 그런데 덴소코리아가 모터와 링케이지는 매각하면서 브러시와 쇳대는 청산한다는 것이었다.

"처음엔 거짓말이라고 생각했죠. 이게 세트로 가야 하는 건
데, 이럴 수는 없다고 생각했어요. 그래서 이건 허위 청산이
다, 사실은 우리를 쫓아내고 전체를 팔려는 계획이다, 라고
봤죠. 그런데 결과적으로는 정말 저희만 청산이 되고 나머
지는 매각되는 형태로 진행이 됐던 거예요." (최윤미)

같은 날 설명회가 있었고, 7월 11일에는 전 사원에게 청산
에 관한 내용을 담은 문자메시지가 발송됐다. 협약이 이뤄진
뒤로 조금은 안전하게 쌓아올렸다고 믿었던 일상이 몇 줄의
문장으로 송두리째 흔들렸다. 청산 발표 직후, 회사는 빠르게
다음 단계를 밟았다. 7월 14일, '노사협의 결과 공유'라는 제목
의 문자가 다시 발송됐다. 내용은 조기퇴직 제도 시행에 관한
것이었다. 그러나 조합은 사측과 합의한 적이 없었다. 그런데
도 회사는 이미 모든 것이 정리된 것처럼 메시지를 써 보냈고,
사람들은 혼란스러워했다. 그다음 날, 분회는 긴급히 전 조합
원 구역간담회를 열고 현재의 정확한 상황을 공유했다. 또한
수차례의 보충교섭을 통해 사측에 강하게 항의했다.

언론 보도를 지나 국회로 가기까지

2022년 여름, 싸움의 무대는 국회 쪽으로 열렸다. 한국와

이퍼를 국정감사의 단상 위로 올리는 것이 목표였다. 8월 초, 금속노조 전체가 여름휴가에 들어간 시기에도 최윤미와 김석민 민주노총 정책국장은 국회를 돌았다. 의원실 문을 두드리며 상황을 설명했고, 덴소코리아 사장을 국정감사 증인으로 세워달라고 요청했다. 당시 SPC그룹 계열사인 SPL 제빵공장 노동자 사망사고를 비롯한 중대재해 문제가 무엇보다 긴급한 사회적 관심 사안으로 떠올라 있었다. 외투자본 기업 하나가 철수하면서 300여 명이 일자리를 잃는 일은 국정감사의 후보가 되기 어려운 분위기였다. 그런데 천만다행으로 응답이 왔다.

“국회의원들을 다 만나서 상황을 설명했어요. 그때 ‘같이 해보자’고 말해준 곳이 우원식 의원실이랑 정의당 이은주 의원실이었어요. 그런데 솔직히 말하면, 국정감사에 올리기엔 저희 현안이 약했죠.”(최윤미)

우원식 의원과 을지로위원회가 적극적으로 나서주겠다고 했다. 다만 조건이 붙었는데, 이 외투자본 기업이 고용안정협약을 체결해놓고도 그 협약에 정면으로 반하는 청산 기획을 밀어붙였다는 사실이 보다 널리, 구석구석 알려져야 한다는 것이었다. 그러려면 먼저 사회적 관심이 필요했고, 공중파 언론 보도가 다리가 되어주어야 했다. 이를 추진하기 위해서는 언론에서 다룰 수 있을 만큼의 탄탄한 증거자료와 인과관계

증명이 필요했다.

자료는 내부에 확보되어 있었다. 한국와이퍼분회는 이미 오래전부터 회사의 재무구조를 유심히 들여다보아왔기 때문이다. 사람들은 재무제표를 다시 정리했고, 내부거래 구조를 추적했다. 대체생산 준비 정황, 덴소코리아와의 이상한 거래 방식 등 청산을 앞두고 일어난 기만적인 물밑 행보를 거의 빠짐없이 확인할 수 있었다.

특히 원가율이 문제였다. 2020년에 111퍼센트, 2021년에는 129퍼센트까지 치솟아 있었다. 원가가 111원, 129원인데 100원만 받고 팔고 있었다는 얘기였다. 팔면 팔수록 손해가 나는 구조였다. 지난 10년간 그렇게 해서 쌓인 한국와이퍼의 누적 적자는 440억 원이었는데, 일본 덴소가 자회사를 통해 일본으로 가져간 돈은 기술사용료를 중심으로 4400억 원이나 되었다. 이 수치는 회사가 적자를 고의로 기획했다고밖에는 볼 수 없는 수치였다. 그리고 이 기획된 거짓 수치를 바탕으로 청산까지 기획한다는 뜻이었다. 이 자료들이 MBC로 갔다.

2022년 9월 중순, MBC 단독 보도가 나갔다. 덴소그룹이 주도한 청산 시나리오, 대체생산 준비 정황, 처음부터 구조적으로 기획되고 실행된 적자 누적에 대한 보도였다. 한국와이퍼 노동자를 성공적으로 해고하면 거액의 인센티브를 지급하겠다는, 덴소와 한국와이퍼 사장 간 계약 사실도 알려졌다. 보도가 나가고 얼마 지나지 않아 국정감사 증인 채택이 이루어졌다.

우원식 의원은 국회에서 덴소의 행태를 정면으로 문제 삼
았다. 고용안정협약에 서명해놓고 뒤로는 기획 청산을 준비한
이중성, 그 심각한 기만행위를 심문했다. 이는 외투자본 기업
이 한국사회, 그리고 한국 노동자들과의 약속을 어떻게 다뤘
는지에 대한 문제 제기이기도 했다.

국정감사 이후, 뜻밖의 소식이 하나 더 전해졌다. 한국와
이퍼가 특별근로감독 대상 기업이 되었다는 소식이었다. 특별
근로감독은 일반근로감독과는 다르게, 매해 전국을 통틀어 단
두 곳만을 선정한다. 외투자본 기업이 청산을 추진하는 사안
에 특별근로감독이 적용되는 경우는 거의 없다시피 했다. 특
별근로감독이 사태 해결의 결정적 신호라 하기는 어려웠지만,
이를 통해 한국와이퍼 문제가 사회의 공식 의제로 떠올랐다는
사실만은 분명했다.

3박 4일 동안 신나는 공동의 '뚜벅이'가 되다

청산 통보를 받은 직후부터 분회는 소송을 준비했다. 빠
르게 준비해 바로 다음 달, 청산 금지 가처분 신청을 했다. 가
처분이 인용될지 기각될지 알 수 없었고, 결과가 언제 나올지
도 모르는 상황이었다. 그사이 국정감사가 이뤄지게 된 거였

다. 언론 및 대중의 관심이 일기 시작했다. 전국의 금속노조 조합원들에게도 이 사안을 더 널리 알리면서 힘을 모아낼 필요가 있었다. 조합원들끼리도 내부의 에너지를 확인하며 서로를 북돋우는 시간이 필요했다. 그래서 생각한 것이 함께 걷는 일이었다. 2022년 10월, 덴소 화성공장에서 국정감사가 진행 중인 국회가 있는 여의도까지 3박 4일 동안 걷는 도보행진 '뚜벅이'가 시작됐다.

목적지가 분명했지만 더 중요했던 건 '함께' 걷는 과정이었다. 사람들은 종일 걷고, 외치고, 노래하고, 숨을 가쁘게 몰아쉬면서 옆 사람을 챙겼다. 밤에는 기절하듯 잠들었다가, 다음 날 해가 뜨면 다시 서로를 일으켰다. 뚜벅이의 전 일정 참가자는 30~40명 정도였지만, 하루씩 합류한 사람들까지 포함하면 전체 조합원의 절반 이상이 걷기에 참여한 셈이었다. 지역의 이웃과 활동가들도 시간이 될 때 곁에서 함께 걸었다. 대부분 40~50대 여성이었다. 대개 무릎과 허리가 안 좋았고, 발바닥이 다 까진 탓에 절뚝이며 걷는 이도 있었다. 하지만 행렬은 크게 흐트러지지 않았다.

마지막 날 국회 앞에 도착했을 때, 한국와이퍼 사장에 대한 국정감사 추가 증인 채택 소식이 전해졌다. 사람들은 기뻐했다. 물론 이에 앞서, 서로를 챙기며 나란히 걷는 동안부터 이미 조합원들 사이에는 자신감이 쌓여갔다. 아무것도 하지 않고 기다렸다면 얻지 못했을 감각이었다.

5 장

저항하고, 지키고, 돌보는 몸

법으로 시간을 붙잡다

법의 언어로 저항하는 일 역시 중요했다. 사측은 이미 끝난 결정처럼 청산 관련 절차를 밀어붙이고 있었다. 이에 대한 가장 긴급한 대응이 청산 금지 가처분 소송이었다. 소송을 함께 준비한 이는 회계 전문가이기도 한, 민주노총 법률원의 장석우 변호사였다. 그는 2022년 5월, 청산 소문이 돌기 시작할 무렵에 처음으로 분회의 상담 요청에 응했다.

장석우가 가장 먼저 주목한 것은 2021년에 체결된 고용안정협약이었다. 그는 "이 단협은 정말 잘돼 있다"는 말을 조합원 교육에서 반복해서 했던 터였다. 청산하는 쪽으로 갈 거라고는 예상하기 어려웠다. 하지만 7월 7일, 회사는 기어이 청산 발표를 했고, 장석우는 그 즉시 가처분 소송 준비에 들어갔다. 8월 초입에 가처분 신청을 했다. 하지만 11월에 이 소송은 기각 결정이 났다. 절망할 시간이 없었다. 청산은 막지 못하더라도 해고는 막아야 했다. 장석우는 곧바로 해고 금지 가처분 소송을 제기했다.

핵심은 판례였다. 단체협약으로 경영 사항을 제한할 수 있음을 인정한 판례를 모두 뒤졌다. 그런 사례는 드물지만 없지는 않았다. 다행히 2023년 1월 30일, 해고 금지 가처분이 인용됐다. 회사가 청산을 이유로 노동자들을 내보내는 것은 고용안정협약 위반이라는 판단이었다. 회사는 해고를 할 수 없게 되었고, 현재 남아 있는 모든 노동자들에게 임금을 지급해야 했다. 장석우는 당시의 절박했던 상황을 되짚었다.

"어쨌든 이기면 조금 더 유리한 상황에서 투쟁할 수 있는 것이고, 교섭을 할 수 있는 것이고, 이게 만약에 기각되면 그때부터 노동자가 아니게 되는 거니까요. 일단은 그냥 다 쫓겨날 수도 있는 상황이었거든요." (장석우)

그사이 회사는 희망퇴직 신청을 받았다. 벌써 세 번째였다. 각 개인이 알아서 결정할 문제처럼 제시되었지만 그건 사실상 공동체 전체를 흔드는 장치였다. 하지만 흔들림은 그리 크지 않았다. 당시 최윤미 분회장이 단식을 이어가는 중이었기에 그 영향도 있었을 것이다. 최종적으로 10명 남짓 되는 인원이 더 빠져나갔다. 그렇게 해서 마지막에 남은 숫자가 209명이었다. 이 숫자는 이후의 싸움을 이어갈 수 있게 하고, 투쟁 안팎에서 서로에게 의지할 수 있도록 하는 든든한 바탕이었다. 이를 조금 더 안전하게 지탱하는 장치, 싸움을 조금 더 지속할 수 있게 하는 장치가 바로 해고 금지 가처분 인용이기도 했다.

투쟁을 이어가게 하는 최소 리듬, 파업

법정 안에서의 다툼과는 다른 리듬으로, 조합원들의 투쟁은 다양한 형태로 매일같이 이어지고 있었다. 그중에서도 투쟁의 균형추는 파업이라 할 수 있었다. 회사는 이미 대체생산 공장을 마련해 가동 중이었다. 파업이 회사를 흔들지 못할 것이 분명해 보였다. 그럼에도 사람들은 2022년 10월부터 파업에 들어갔다. 국정감사가 진행 중이었고, 청산 금지 가처분 소송도 한창이었지만, 그 모든 것과 별개로 조합원 모두가 온 하루를 걸고 싸우고 있다는 감각이 필요했다. 아무것도 하지 않은 채 기다리는 시간은 더 깊은 불안으로 이어질 수 있었다.

전면파업은 선택하지 않았다. 직장폐쇄의 위험이 있었고, 임금 타격이 너무 커져서도 안 되었다. 그래서 나온 방식이 하루 6시간 파업, 2시간 근무였다. 이는 2시간 일하려고 공장에 나와야 한다는 뜻이기도 했다. '차라리 전면파업을 하자'는 말이 나올 법도 했지만 조합원들은 묵묵히 받아들였다. 이 파업이 투쟁을 지속 가능하게 하는 기본 리듬이라는 것을 이해하고 있었기 때문이다.

단식은 멈춤이 아니었다

2022년 11월 7일에는 최윤미 분회장과 이규선 금속노조 경기지부장이 단식에 들어갔다. 국회 앞에 천막을 쳤다. 대체생산 공장이 이미 가동 중이었기에 파업이나 점거가 즉각적인 효과를 내기 어려운 상황에서 선택된 것이었다. 남아 있는 선택지는 싸움의 국면을 사회적으로 열어젖히는 일이었다. 이제 단식을 통한 "여론화밖에 없겠다"는 판단을 한 것이다.

단식이 시작되자, 싸움은 오히려 더 분주해졌다. 최윤미는 천막 안에서 노트북을 펼쳐두고 매일 보도자료를 써내며 언론 대응을 했다. 분회장의 몸이 국회 앞에 놓여 있는 동안 조합원들은 틈날 때마다 국회 앞을 오가고, 매각 대상 기업인 디와이(DY오토)로 향하고, 아침 선전전에 함께하고, 화성공장 앞 집회를 이어갔다.

천막에는 얼굴도 모르는 시민들이 수시로 찾아와 기운과 온기를 나눠줬다. 조합원들은 밥을 먹으면서도 마음이 편치 않았고, 누군가는 일부러 식사를 거르기도 했다. 이 시기에 안산에 있는 45개 시민단체가 의기투합해 '외투자본 덴소 규탄 한국와이퍼 노동자 일자리 보장을 위한 안산시민행동'(이하 안산시민행동)도 꾸렸다. 공동체의 신경이 한곳으로 모였다. 먹지 않는 몸 하나가 싸움 전체의 리듬을 바꾸고 있었다.

단식은 생각보다 길어졌다. 최윤미의 경우 왜소한 체구 때문에 주위에선 다들 "2주면 쓰러질 것"이라 여겼지만 예상은 빗나갔다. 언론 보도가 내내 이어졌고, 우원식 의원을 비롯한 정치권도 마음이 바빠졌다. 그 와중인 11월 말, 청산 금지 가처분이 기각되는 결과가 나왔다. 충격이 컸다. 하지만 최윤미, 이규선 두 사람은 꿋꿋이 단식을 강행했고, 한국와이퍼분회 사람들도 하던 일을 계속 했다.

44일째 되던 날, 덴소코리아로부터 연락이 왔다. 만나자는 요청이었다. 일본 덴소를 포함한 본사의 교섭 참여를 약속받았다. 최윤미는 그 약속을 들은 뒤에야 단식을 정리했다. 조합원들은 이미 청산 금지 가처분 기각과 세 번째 조기퇴직 신청 앞에서 극도의 불안을 느끼고 있었다. 현장으로 돌아가 사람들을 다독이며 이후의 싸움을 준비해야 할 시점이었다. 병원에서 몸을 추스린 뒤 최윤미는 다시 공장으로 출근했다. 한국와이퍼분회의 행보를 비호하듯 이규선은 최윤미보다 사흘 더 단식을 이었다.

피로를 누르고 도처에서 행해진 조합원들의 투쟁

꾸준했던 싸움의 자리는 또 있었다. 안산역 육교였다. 정민규 수석부분회장과 김종현 시흥안산지역지회 조직부장은 아침마다 같은 시간, 같은 자리에 서기 위해 매일 새벽 집을 나서 현수막을 들었다.

"한국와이퍼 노동자를 살려주세요."

관심을 가져달라는 호소였다. 최윤미 분회장과 이규선 지부장이 단식을 하고 있던 시기였기에 이 문구는 과장된 것이 아니었다. 다른 이들도 하루씩 잠을 쫓아내며 기어이 아침의 길 위에 섰다. 여성 조합원 중에는 식구들 먹을 밥을 해놓고 나와야 하는 경우도 있었다. 선전전에 동참하는 날이면 이들은 4시 반에 일어나 채비를 했다. 그만큼 안산 시민들의 아침 얼굴을 만나는 일은 중요했다.

2023년 3월부터는 약 보름간, 덴소 본사가 한국와이퍼의 대체생산지로 활용했던 창원 엘소 공장 앞에 천막을 쳤다. 조합원들이 돌아가며 내려가 천막을 지키고, 노래하고 춤도 추면서 즐겁게 선전전을 했다. 정민규는 그곳에서 상주했다. 천막은 한국와이퍼의 또 다른 현장이었다.

화성 덴소코리아 공장 앞에서는 매주 금요일마다 거점 집회가 이어졌다. 멀고 피곤하고 어쩌면 지루할 수도 있는 일정이었다. 하지만 아침마다 늘 몇몇은 힘껏 몸을 일으켜 화성으로 향했다.

고용노동부 장관을 찾아, 그림자 투쟁

분회가 수개월을 이어갔던 특별한 투쟁이 하나 더 있다. 조합원들은 그것을 '그림자 투쟁'이라 불렀다. 2023년 2월, 특별근로감독이 실행되던 중에 시작된 이 투쟁은 이정식 고용노동부 장관의 일정을 파악해 그를 따라 움직이는 것이었다. 어디에서 무슨 회의가 열리는지, 몇 시에 도착하는지, 그 정보를 먼저 잡아내는 일부터가 투쟁의 시작이었다.

이 투쟁을 주로 맡아 이어간 건 최만복 사무장을 비롯한 분회의 간부들이었다. 장관의 일정에 따라 그때그때 장소를 옮겨 다녀야 했기에 집회 신고를 할 수 없었다. 서너 명이 한 조로 움직이며, 각각 떨어져 서서 1인 시위를 했다. 폭설이 와도 개의치 않았다. 피켓 문구는 '한국와이퍼 사태 빨리 해결하라', '부당노동행위 모른 척하는 고용노동부는 각성하라'와 같이 단순한 것이었다. 말보다 몸이 먼저 도착해야 하는 투쟁이었다.

처음에는 장관 쪽에서 이들을 외면했다. 갑작스레 동선을 바꾸거나 접촉을 피했다. 사유지라며 막아서기도 했고, 병원이나 공공기관에서는 관계자들이 몰려나와 항의를 하기도 했다. 경찰이 출동한 적도 여러 번이었다. 그럴 때마다 조합원들은 설명했다. 집회가 아니라 1인 시위다. 서로 떨어져 있겠다. 누구에게도 방해가 되지 않게 하겠다. 외투자본이 우리 노동자들을 일방적으로 내쫓으려 한다. 가만있을 수가 없어서 나온 것이다. 경찰들은 대부분 빠르게 공감하고 돌아갔다. 시위를 계속 이어가자 장관이 먼저 내려 말을 건네는 일도 일어났다. "최대한 노력하고 있습니다." 사과도 약속도 아닌 이야기였으나, 이전과는 분명히 달랐다.

두세 달여 동안 이어진 그림자 투쟁이 즉각적인 돌파구를 만들지는 못했다. 하지만 최만복의 말처럼 적어도 한국와이퍼 문제를 "안 보이게 두지 않는 것"에는 성공했다. 중부지방고용노동청 안산지청장이 한국와이퍼 현장을 찾았고, 장관은 이 사안에 대해 계속 보고하라는 지시를 내렸다.

6 장

공장을 덮친 700여 명의 경찰

닫힌 공장, 열려 있던 창문

사측의 청산 통보 이후 분회는 파업과 국정감사, 뚜벅이, 단식, 아침 선전전과 집회, 가처분 소송까지 할 수 있는 모든 걸 다 했다. 그럼에도 사측은 2022년 12월 말, 회사를 정리하겠다는 말을 꺼냈고, 그 말은 곧 물리적인 조치로 이어졌다. 12월 30일 새벽, 조합원들이 퇴근한 사이 회사는 공장으로 들어갈 수 있는 모든 출입구를 패널로 막았다. 현장으로 통하는 길은 모두 차단됐고, 남은 공간은 노조 사무실뿐이었다.

그날 밤 최윤미는 노조 사무실에서 혼자 새해를 맞을 생각이었다. 소식을 듣고 몇몇 조합원들이 하나둘 찾아왔다. 그렇게 12월 31일 밤을 함께 넘기고, 1월 1일의 아침을 같이 맞았다. 그사이, 우연히 하나의 틈을 발견했다. 사측이 놓친 곳이었다.

> "회사에서 다 막아놨는데, 창문 하나를 안 막은 거예요, 실수로. 노조 사무실이 3층이고 1층이 현장이거든요. 내려가는 철제 계단 밑에 조그만 창문이 있는데, 거기에 시건장치(잠금장치)를 안 한 거예요. 열면 바로 현장으로 넘어갈 수 있었죠." (최윤미)

다음 날인 1월 2일, 최윤미는 결정을 내렸다. 전 조합원에게 회사로 오라는 연락을 돌렸다. 200명이 넘는 조합원들이 공장 앞마당에 모였다. 조합원들이 '화장실 사용하게 하라', '현장 출입을 보장하라'는 요구를 하며 한쪽에서 시간을 끄는 사이, 몇몇이 열린 창문을 통해 현장으로 들어갔다. 그렇게 공장은 다시 활짝 열렸다. 사측은 CCTV 화면을 샅샅이 돌려보고 기물 파손죄를 덮어씌우려 했지만 증거 영상은 어디에서도 발견되지 않았다. 열린 창문 앞의 CCTV는 다른 방향을 보고 있었다.

그날 이후로 본격적인 공장점거가 시작되었다. 조합원들은 '현장 지킴이'라는 이름으로 조를 짜서 24시간 내내 공장을 지켰다.

새벽 4시, 이상한 전화

2023년 3월 15일 새벽 4시, 한국와이퍼분회 간부들과 회의 후 뒤풀이를 하고 돌아간 간부 한 사람에게 전화가 걸려왔다. 회사 건너편에 주차해둔 차량을 이동해달라는 경찰의 전화였다. 이유를 물으니 집회 신고가 들어와 자리를 확보해야 한다는 대답이 돌아왔다. 한국와이퍼분회는 그날 신고한 집회가 없었다. 전화를 받은 간부는 곧바로 최윤미에게 연락했다.

공장 주변을 돌며 확인한 주차 공간은 예상보다 넓었다. 정문 앞뿐 아니라 후문 쪽에도 상당한 공간이 비어 있었다. 그냥 비어 있는 공간이 아니라, 누군가를 들여보내기 위해 정리된 자리처럼 보였다. 곧 경찰이 들이닥칠 것 같았다. 어느 정도의 규모일지는 가늠하기가 어려웠다. 새벽 6시를 넘기면서는 더 미룰 수 없다고 판단했다. 최윤미는 간부들에게, 간부들은 조합원 모두에게 지금 바로 공장으로 와달라는 연락을 돌렸다.

8시 무렵, 조합원들이 공장 앞에 도착했을 때 정문과 후문에는 이미 경찰 병력이 가득 배치돼 있었다. 경찰은 노조 사무실로 들어가려는 조합원들의 진입을 막았다. 이유는 '업무방해 신고'였고 조합원들은 즉각 반발했다. 우리는 해고자가 아니고, 노조 사무실을 드나들 자유가 있으며, 회사가 직장폐쇄를 했더라도 노조활동은 보장돼야 한다고 했다. 긴 실랑이가 이어졌지만 이미 현장의 균형은 경찰 쪽으로 기울어 있었다.

분회는 물러서지 않았다. 경찰의 진입 차단에 대해서는 맞고소를 했고, 회사에 대해서는 '노조활동 방해' 행위를 중단하라고 항의했다. 시간이 지나 정문은 열렸고 조합원들은 안으로 들어갔다. 그사이, 후문에서는 다른 국면이 열리고 있었다.

안과 밖, 다른 방식의 저항

오전 8시 30분 무렵, 후문 쪽에서 경찰이 갑자기 밀기 시작했다. 사전 고지도, 경고도 없었다. 방패가 앞으로 나왔고, 사람들은 주차된 차량 사이로 몰렸다. 통로는 급격히 좁아졌고, 몸들이 서로 부딪쳤다. 밀려난 사람들 사이에서 비명이 터졌다. 그 과정에서 조합원 한 명의 갈비뼈가 부러졌다.

쫓겨나지 않는 것이 원래 목표였지만, 다치지 않는 것이 더 중요해졌다. 분회장은 판단을 바꿨다. 담을 넘어 회사 안으로 들어가면 경찰이 더는 개입하지 못할 거라 판단했다. 그곳은 사적 영역이고 사유지니까. 하지만 오산이었다. 경찰들은 멈추지 않았다. 공장 안까지 따라 들어왔고, 그 안에서도 사람들을 끌어내기 시작했다.

이때 조합원들은 사전에 연습했던 대응 방식을 실행에 옮졌다. 용역 투입을 대비해 만들어둔 약속이었다. 여성 조합원들이 앞에 서고, 남성 조합원들은 뒤로 물러났다. 여성 조합원들이 서로 팔짱을 끼고 어깨를 맞댔다. 수십 년 동안 쇳대를 조립하고 박스를 옮기며 하루 11시간씩 일해온 몸들, 어깨와 손목, 무릎과 허리가 성한 곳이 거의 없던 몸들. 그 몸들이 이제 경찰 앞에 섰다. 같은 라인에서 오랫동안 손발을 맞춰온 몸들이었다. 밀려나지 않기 위해 서로의 몸을 붙들고 함께 외쳤다.

"내 몸에 손대지 마세요."

경찰들은 잠시 멈칫했다. 하지만 곧 여성 경찰들이 투입됐다. 그들이 조합원들을 한 명씩 들어올려 밖으로 끌어냈다. 울고 고함치는 소리가 연이어 들렸다.

경찰이 모두를 끌어낼 수는 없었다. 조합원 일부는 공장 안에 남아 있었다. 안에서는 전혀 다른 시간이 흘렀다. 공장 안에는 금형을 해체하기 위해 외주 용역 기사들이 들어와 있었다. 조합원들은 그들에게 욕을 하지도, 고함을 치지도 않았다. 대신, 커피를 타서 내놓았다. 그리고 조용히 이야기를 시작했다. 지금 한국와이퍼가 어떤 상황이며, 자신들이 왜 이 싸움을 이어가고 있는지를.

짧지만 가볍지 않은 대화가 이어졌다. 이야기를 듣던 용역 기사들은 천천히 고개를 끄덕이기 시작했다. 그들은 곧 현장을 완전히 떠났다. 일을 하지 않겠다고 결정한 것이다.

"노사 간의 결정으로 해결될 수 있는 문제가 아닙니다"

을지로위원회의 박주민 의원이 급히 현장으로 내려왔다. 교섭이 시도됐다. 최윤미 분회장과 사측 임원, 그리고 경찰이 한자리에 모였고, 분회장이 물었다. 지금 교섭을 시작하면 이 상황을 중단할 수 있느냐고. 회사는 명확한 답을 피했고, 대신 경찰이 말을 이었다. "노사 간에 대화를 한다고 해서 이 문제가 결정될 수 있는 상황이 아닙니다." 최윤미는 그 말을 또렷하게 기억하고 있었다.

"소름이 끼쳤어요. 노사문제인데, 노사가 결정할 수 없다는 거잖아요. 이미 위에서 결정됐다는 뜻이었어요." (최윤미)

그날 현장에는 서울과 경기 지역의 경찰 병력이 대규모로 동원돼 있었다. 800명에 가까운 규모였다. 중소기업의 사업장 하나를 둘러싸러 온 것치고는 이례적인 수였다. 바로 다음 날에는 당시 윤석열 대통령의 일본 방문이 예정되어 있었다. 누가 지시했고, 어디까지 하라 했는지는 알 수 없었지만, 이날의 일이 단순히 노사만의 문제로 일어난 사건이 아님은 분명했다.

이상한 건 또 있었다. 회사는 5톤짜리 대형 화물 트럭을 17대나 불렀다. 실어 나를 만한 물건은 그 정도가 아니었다. 2시간 남짓한 진압이 끝난 뒤, 재고 일부와 프레스반의 금형 몇

개가 실렸다. 기사들이 해체를 거부해 싣지 못한 채 그대로 남겨진 금형들까지 다 실었다고 가정해도 17대의 트럭을 채울 규모는 안 되었다. 최윤미는 그 장면이 계속 마음에 남았다고 말했다.

> "물건을 빼기 위한 진압이 아니었던 것 같아요. 우리를 먼저 빼내서, 전체를 폭력 집단으로 만들고 손배를 걸고(손해배상을 청구하고), 그래야 청산을 밀어붙일 수 있었던 거죠. 그게 목적이었을 거예요." (최윤미)

실제로 3월 15일을 불과 며칠 앞두고, 회사는 현장 곳곳에다 CCTV를 17대나 설치했다. 어떤 장면을 담으려 했던 것인지 쉽게 예상할 수 있었다. 하지만 이후 조사에서 노동자들의 폭력행위나 기물 파손행위는 단 한 건도 확인되지 않았다. 네 명이 연행되었지만 이들의 혐의는 "서로 끌어안으며 '내 몸에 손대지 마세요'라고 말해 업무를 방해했다"는 것이 전부였다. 결국 모두 기소유예로 마무리되었다.

상처 이후에 남은 것

'3.15 경찰 침탈사건'은 조합원들에게 깊은 상처를 남겼다. 김경숙 사무부장은 그날을 이렇게 기억했다.

"여자 경찰들한테 사지가 다 들려서 나왔어요. 옷이 올라가서 살이 다 보이고. 그게 너무 속상하고 창피해서 밖에 나와서 많이 울었어요. 그리고 물건 빼는 거 보면서 또 울고." (김경숙)

경찰에게 끌려나오던 순간의 수치심, 그리고 20년 가까이 일해온 공장에서 물건이 빠져나가는 장면을 지켜봐야 했던 무력감이 겹쳐졌던 것이다. 신미향 부분회장도 새벽에 연락을 받고 현장으로 달려왔다. 그 역시 후문에서 다른 여성 조합원들과 함께 어깨를 걸고 저항했고, 마찬가지로 여경들에게 사지가 들려 나왔다. 그 뒤로도 연이어 동지들이 끌려나오는 걸 지켜봐야 했다. 다친 사람이 18명이나 되었다. 신미향은 그날 이후로 "경찰에 대한 이미지가 완전히 바뀌었다"고 했다.

3월 15일 이후, 현장은 다시 정비되었지만 이전으로 돌아갈 수는 없었다. 수많은 경찰 병력이 무력을 이용해 무고한 조합원들을 강제 진압하던 일, 사람들의 고함과 비명, 금형이 빠져나가 휑해진 자리, 그리고 아무 일도 아니라는 듯 공장을 비워내는 회사의 태도. 이는 조합원들에게 분명한 신호를 남겼다. 이 싸움은 한국사회가 허용하는 절차와 제도 안에서는 끝내 닿지 않는 지점이 있다는 사실이었다.

7 장

국경 너머의 연대

행위의 주체를 찾아 일본으로

한국와이퍼분회에게 일본 원정투쟁은 필연적인 것이었다. 한국와이퍼는 일본의 덴소 자본이 투자해서 지은 공장이었고, 덴소가 이제는 그 공장을 청산하려 하고 있었기 때문이다. 판단과 결정과 실행, 이 모든 행위의 주체가 일본에 있었다. 국내의 교섭 자리에는 사측의 주요 인물들이 앉아 있었다. 한국와이퍼 간부, 덴소코리아 관계자, 뒤이어 고용노동부 관계자들까지. 하지만 나아가는 건 없다시피 했다.

일본 원정투쟁이 제대로 실행되도록 하기 위해서는 먼저, 알아야 했다. 일본의 노동운동 문화와 항의 방식, 그리고 언어의 문제까지. 무작정 덴소 본사 앞에 가서 소리친다고 해결될 문제가 아니었다. 확인할 필요가 있었다. 이 싸움이 일본에서는 어떻게 읽힐지, 어떻게, 어디까지, 누구에게까지 도움을 받을 수 있을지. 분회 사람들은 이를 위한 시간을 '0차 원정'이라 불렀다. 사무부장 임진호가 0차 원정을 위해 홀로 길을 떠나기로 했다. 마침 2022년 10월에 한국산연 노조가 투쟁 마무리 보고 설명회를 연다고 했다.* 임진호는 이 길에 동행해 한국산연 동지의 도움을 받아 일본의 연대 동지들과 인사를 나누었다. 그렇게 작게나마 소통의 끈을 만들었다.

최윤미 분회장과 이규선 지부장이 단식에 들어간 시점이었다. 단식이 진행되는 동안에도 일본 덴소가 협상 테이블에 나오지 않자, 원정투쟁을 더 미룰 수 없겠다고 생각했다. 임진호는 금속노조 부위원장을 대동하고 총 다섯 명 정도를 모아 1차 원정길에 나섰다. 일본에도 한국의 금속노조처럼 금속노협이라는 곳이 있었는데, 덴소의 노동조합도 그곳에 소속되어

---

* 한국산연은 일본 초국적 기업 산켄전기주식회사가 100퍼센트 투자해 1973년 마산수출자유지역(현 창원시 마산자유무역지역)에 설립한 전자부품 생산 공장이었다. 이후 구조조정과 사업 철수가 반복되다가 2020년 7월 일본 본사가 일방적으로 법인 해산·청산을 결정하고, 2021년 1월 폐업하면서 노동자들이 해고됐다. 노동자들은 이에 맞서 폐업 철회와 복직을 요구하며 한국과 일본을 오가는 연대투쟁을 이어갔고, 724일 동안 이어진 장기투쟁을 통해 외투자본의 '먹튀 폐업' 문제를 사회적으로 드러냈다. 다음의 글을 참고. 〈먹튀 외투기업 한국산연의 정리해고와 일방적 폐업 철회, 생산 정상화를 촉구하는 국회의원 기자회견〉, 민주노총 홈페이지, 2022.6.29.(https:// nodong.org/statement/7807991)

있었다. 도쿄에 자리 잡은 그곳을 먼저 찾아가 인사했다. 금속노협 차원에서는 크게 도움을 줄 것이 없겠다는 답을 들었지만, 이 만남이 의미가 없는 건 아니었다. 일본에서는 즉각적인 항의보다 형식과 관계, 절차가 중요하게 여겨졌기 때문이다. 순서를 어기면 역효과가 날 수 있었다.

또한 국제연대를 하는 자원활동가들이 도쿄를 주 근거지로 삼고 있었기에 1차 원정은 무엇보다 중요했다. 그뿐만이 아니었다. 이들은 이때 중요한 한 사람을 만나게 된다. 오학수 박사였다. 오학수 박사는 일본 노동정책연구·연수기구의 오랜 연구원이었다. 그는 이미 민주노총을 통해 분회 투쟁과 관련된 공문 번역을 하기로 섭외가 되어 있었다. 그러니까 그의 주된 업무는 번역이었는데, 그는 그 일에만 머물지 않았다. 분회 사람들을 맞이해 일본의 상황을 설명하고, 이들을 도맡아 안내했으며, 사람들과 인사를 나누게 했다. 도쿄에서 만난 한국의 노동자들을 자신의 차량에 태워 덴소가 있는 나고야까지 함께 이동하기도 했다.

"도쿄에서 그렇게 마무리를 하고 저희는 바로 나고야로 넘어갔는데요. 비행기로 갈 수도 있고 신칸센으로도 갈 수가 있는데, 그것도 꽤 시간이 걸릴 거라고 오학수 박사님이 저희를 차에 태워서 덴소까지 갔습니다." (임진호)

이들은 그렇게 나고야에 있는 덴소 본사 앞으로 갔고, 오학수는 분회 원정대와 함께 덴소의 담당자를 면담하려고 애썼다. 경비원들이 이들을 단호하게 막아서자 오학수는 교섭 요구 공문을 보여주면서 할 수 있는 모든 설명과 설득을 다 했다. 꽤 오랜 실랑이가 있었다. 하지만 경비실을 통해 전해진 덴소 측의 대답은 '한국의 문제는 한국에서 해결하라'는 것이었다. 1차 원정은 여기까지였다. 하지만 이들은 그저 조용히 뒤돌아서지 않았다. 조만간 다시 오겠다는 말을 또박또박 전했다.

국경 너머에서의 집회와 뜻밖의 연대

최윤미의 단식이 40일을 넘기자 한국 정부와 고용노동부, 그리고 일본 덴소까지 긴장을 놓지 못했다. 덴소에서는 단식 44일째에, 교섭 자리에 나오겠다는 약속을 했다. 거짓말이었다. 단식을 종료하자 이들은 다시금 묵묵부답으로 일관했다. 그래서 2차 원정이 계획되었다. 이번에는 덴소가 있는 나고야로 바로 가기로 했다. 약속 장소는 나고야역 금시계탑 앞이었다. 그곳에 일본어를 모르는 분회 조합원들이 잔뜩 서 있었다. 그들을 보고 반갑게 웃으며 달려온 사람은 통역사 가토였다.

"모든 투쟁의 과정에 항상 가토 선생님이 있었습니다. 노동 관련해서 만약에 일본에서 온다거나 우리가 일본 간다거나 하면 항상 가토 선생님이 계십니다. …… 저희들 같은 경우는 진짜로 통역비를 거의 다 안 받으세요. 통역비 쓸 돈이 어디 있냐 이러면서요. …… 저희가 일본 나고야 시내 한복판에서 마이크를 들고 막 한국어로 얘기하잖아요? 저희가 한 2~3분 얘기했다고 하면 가토 선생님은 그 이야기를 한 10분 정도까지 풀어서 일본어로 아주 자세하게, 우리가 얘기하지 못한 것에 선생님이 알고 계신 것까지 더해서 통역해 이야기해주세요." (임진호)

가토는 그 뒤로 이어진 거의 모든 일본 원정투쟁 일정에 함께하며 안내를 하고 일본 연대자들과의 연결, 통역까지 해주었는데, 그의 통역은 이처럼 특별했다. 분회 조합원의 짧은 설명 안에 담긴 시간과 맥락과 사정을 일본어로 풀어내며, 이 싸움이 일본사회에서 '사건'으로 이해되도록 도왔던 것이다.

2차 원정에서 여덟 명 정도로 구성된 원정대는 나고야에서 활동하는 몇몇 일본 동지들과 함께 덴소 본사 진입을 위해 몸싸움까지 해가며 꽤나 소란스럽게 실랑이를 벌였다. 그러다 경찰이 왔고 잠시 물러나기도 했다. 덴소의 원청 격이라 할 수 있는 토요타 본사에도 가고, 나고야 시내에서도 신나게 선전전을 했다. 한국와이퍼분회의 투쟁 주제가인 〈나와라 덴소〉를 반복해서 틀고, 그에 맞춰 율동을 하고, 구호를 외쳤다. 일본에서는 잘 볼 수 없는 풍경이었다. 지나가던 학생들이 걸음을 멈췄고, 어떤 이는 율동을 흉내내며 함께 춤을 추기도 했다. 임진호는 잊을 수 없는 장면이 또 하나 있다며 이야기를 이었다.

"어디서 갑자기 〈나와라 덴소〉 음악이 막 나오는 거예요. 저희가 선전전을 하는 곳에서요. 저희는 생각도 못 했습니다. 근데 한 분이 자기 차에다가 앰프 시설을 갖춰놓고 온 거예요. 그분도 일본 오사카에 사는 교포시거든요. 근데 그 음악을 막 틀어주시는 거예요. 일본은 톨게이트비가 엄청 비싸다고 하더라고요. 그래서 고속도로를 이용하지 못하고 국도를 타고 자기 차를 끌고 오셨대요. 저도 그분을 그날 처음 뵜는데, 밤을 새워서 왔다고 말씀하시더라고요." (임진호)

임진호가 들려준 일화의 주인공은 70대 활동가였다. 그를 포함한 많은 일본의 연대자들이 대체로 나이가 많았고, 체력도, 경제적 상황도 좋지 않았다. 그런데도 그들은 연대활동을 자신의 일로, 자기 투쟁으로 생각하고 왔다고 했다. 임진호는 연대 갈 때의 마음가짐이 어때야 하는지를 그때 제대로 배웠다고, 앞으로도 그 마음을 배워서 실천하고 싶다고, 분회의 다른 많은 동지들도 같은 마음을 가지게 됐다고 이야기했다.

문화의 벽을 넘어 삭발을 강행하다

현장 점거가 시작되었지만 일본 덴소는 별다른 움직임을 보이지 않았다. 그러다 3.15 침탈사건이 일어났다. 조합원들의 상처가 깊었기에 이를 치유하는 데도 많은 시간이 필요했다. 최소 인원이 현장을 지키고, 꼭 필요한 선전전만을 진행하며 그 시기를 보냈다. 사회적 고용기금에 대한 논의도 조금씩 이뤄지는 시점이었다. 이러한 시점에 더욱 성공적인 교섭을 이끌어내기 위해서는 또 다른 행동이 필요했다. 그렇게 3차 원정투쟁을 준비하게 됐고 2023년 7월에 많은 이들이 일본으로 향했다. 7월로 예정된 토요타 주주총회 100회 기념식을 노렸다. 분회 내부에서는 삭발에 대한 논의와 토론이 있었다. 최윤미 분회장이 특히 힘주어 말했다. 현재로선 삭발만이 가장 강한 메시지를 남길 수 있는 수단일 거라고.

하지만 일본의 연대활동가들에게 이 선택은 쉽게 받아들여지지 않았다. 문화적 차이가 있었다. 한국에서 삭발은 결의의 상징이지만, 일본에서는 그렇지 않았다. 일본에서는 삭발이 개인의 반성이나 사죄, 혹은 극단적인 자기 처벌로 읽히는 경우가 많았다. 자칫하면 메시지가 왜곡될 수 있었다. 일본의 연대활동가들은 삭발이 오히려 일본사회의 여론을 악화시키지 않을지를 우려했다. 하지만 최윤미는 굽히지 않았다. 삭발에 대한 강한 의지를 내보이며 사람들을 내내 설득했다. 결국 삭발 행동이 이뤄졌다. 다행히도, 효과가 있었다.

"일본 사람들은 몰라도 덴소는 아마 알 거라고, 여기에 대한 확신이 있었어요. 실제로 일본 활동가분들은 되게 반대하셨는데 제일 반대하셨던 분이 나중에는 그런 얘기를 했어요. 원래 일본의 기업은 대응하지 않기로 유명하거든요. 앞에서 집회를 하든 뭘 하든 보통은 대응을 하지 않는데, 그날 아침에는 사측에서 누군가 나와서 삭발만큼은 하지 말아달라는 얘기를 계속 했대요." (최윤미)

여름 들어 교섭 테이블에는 일본 덴소와이퍼의 사장이 나와 있었고, 최윤미는 삭발의 의미에 대해, 또 삭발을 곧 강행할 것이라는 사실에 대해 그에게 언급한 바가 있었다. 경고 같은 것이었다. 그래서 일본 시민들은 몰라도 덴소는 알 것이고 이에 영향을 받을 수도 있으리라 예측했던 것이다. 이례적이게도 덴소 측이 삭발에 반응을 보였다는 걸 알게 되자, 동의하기 어려워했던 일본 연대자들도 다시 마음을 열었다. 그 뒤로 일본에서의 투쟁은 더 뜨거워졌고, 일본 내의 유명한 진보적 인터넷 매체에는 삭발 당사자인 최윤미의 인터뷰가 동영상으로 실리기도 했다.

삭발의 의미를 일본사회에 설명하고, 삭발의 당사자인 최윤미의 말을 섬세하게 통역하는 일 역시 가토의 몫이었다. 지금 잘려나가는 머리카락에, 생계와 일상을 모두 박탈당할 위험에 놓인 수백의 노동자들의 절박한 마음과 목소리가 실려 있다는 이야기가 일본 땅에 울려 퍼졌다.

8 장

이웃은 어떻게
싸움의 형식이 되었는가

단식 이후, 연대가 '물결'이 되기까지

단식이 길어지며 국회 앞 천막을 지키는 최윤미와 이규선의 몸이 하루가 다르게 쇠하는 동안, 사람들은 더 부지런히 할 일을 찾았다. 분회 울타리 안팎이 모두 분주해졌고, 안산의 시간이 긴박하게 흘렀다. 45개나 되는 안산 지역의 시민사회단체가 빠르게 협의해 연대체 안산시민행동을 구성했다. 좋은이웃의 김현정 팀장은 이를 지극히 자연스러운 과정이었다고 이야기했다.

"12월(2022년)에 같이 만들었는데 이것도 그렇게 어렵지는 않았어요. 왜냐하면 한국와이퍼에 다니는 한 300명의 노동자가 실제로 다 우리 안산 지역이나 시흥 지역에 사는 주민들이었던 거잖아요. 시민의 일자리를 우리가 책임지지 않으면, 안산시가 책임지지 않으면 누가 책임지냐 하는 문제의식을 가지고 여러 시민사회단체를 만나기 시작했어요. 그때 거의 단식 30일 차쯤 됐던 것 같아요.” (김현정)

안산시민행동은 급히 꾸려진 연대체였지만 구성은 더할 나위 없이 촘촘했다. 주기적인 회의 체계를 만들고, 역할을 꼼꼼히 배분했으며, 실행이 잘되었는지를 수시로 점검했다. 출범을 알리는 기자회견은 물론이고, 안산시의장과 안산시장 면담, 안산시청 앞 1인 시위까지 할 수 있는 것 모두를 찾아서 했다. 몸이 묶여 현장 연대에 함께하지 못하는 이들은 안산시청 홈페이지 게시판에다 매일 글을 올렸다. 그 글은 지역 관료를 향한 것이기도 했지만 이 싸움을 잘 모르거나 관심이 깊지 않았던 시민들을 위한 글이기도 했다. 이웃들의 연대는 이렇게 정확한 ‘할 일’의 목록을 따라 물결처럼 나아갔다.

좋은이웃의 사무차장인 김원영은 또 다른 틈새의 기획을 이야기하기도 했다. 양말과 버튼을 만들어 판매하는 굿즈 사업을 진행해, 판매 수익금 전액을 한국와이퍼분회에 기부하는 일이었다. 좋은이웃 회원들은 대부분 노동강도가 높고 노동시간이 긴 안산 지역의 영세한 제조업에 종사하는 경우가 많았으므로, 연대를 위해 몸과 시간을 내는 일에 적지 않은 제약이 있었다. 좋은이웃은 그들 역시 마음을 보탤 수 있는 방법이 없을지를 고민한 것이다. 이렇게 해서 모인 수익금이 1000만 원 가까이 되었다. 그런 연대 또한 큰 힘이 되었다며, 김원영은 들뜬 목소리로 말했다.

"직접 투쟁에 결합하지는 못하지만 이 양말을 삼으로써 수익금이 한국와이퍼분회에 후원금으로 전달되는 걸 알고 있으니까, 그걸 사주면서 결합해줬던 회원들도 많거든요. 적극적으로 지킴이를 한다거나 다른 쪽으로 결합하진 못하지만 잘됐으면 좋겠다는 마음, 응원하는 마음은 대부분 많이 갖고 계셨던 것 같아요. 그리고 지역에서도 사실 이렇게 또 크게 투쟁이 벌어진 경험이 많이 없어서 잘됐으면 좋겠다고 생각을 한 거죠." (김원영)

돌봄이 투쟁이 되는 방식

이렇게 만들어진 물결은 사측의 공장폐쇄 시도 직후 분회가 결의하게 된 사업장 24시간 점거의 시간 앞에서도 적재적소에 그 힘을 발휘했다.

"공지 올리고 나서 한 4시간도 안 됐어요. 전기장판이랑 침낭이랑 먹을 것과 마실 게 다 들어왔어요. 준비하라고 말한 적

도 없는데, 그냥 다 왔어요.”(최윤미)

이날 이후 점거는 특별한 사건이 아니라 버티는 일로 재편되었다. 남은 조합원이 209명이었기에 3교대를 짤 수 있었다. 누군가는 안에 남았고 누군가는 밖에서 연결을 유지했다. 최윤미는 늘 같은 기준을 말했다. “투쟁은 힘들게 하면 안 돼요. 오래가야 하니까. 즐겁지는 않아도, 견딜 수는 있어야 하잖아요.” 그 말은 현장을 꾸리는 주요한 덕목이 되었다.

안산시민행동은 이 점거의 시간에 ‘와와행동’으로 응답했다. ‘와이퍼로 와’라는 뜻을 가지고 있는 와와행동은 현장 점거에 돌입한 조합원들을 응원하기 위해, 매주 수요일마다 많은 인원이 함께 모여 현장을 찾는 활동이었다. 이 외에도 좋은이웃의 활동가와 몇몇 회원은 짬짬이 지킴이들의 곁을 지켰다. 잔업을 마친 뒤에, 쉬는 날에, 또 주말에 잠깐씩이라도 시간을 냈다. 현장으로 가서 밥을 나눠 먹고, 이야기를 나누고, 춥고 긴 밤을 함께 보냈다. 한국와이퍼분회 조합원들이 외로운 싸움을 하고 있는 것이 아니라는 사실을, 곁에 있음과 체온으로 다정히 귀띔했다. 또 이들은 돈을 모아 점거농성에 필요한 물품을 구비해 수시로 현장을 채우기도 했다.

금속노조의 연대도 이어졌다. 경기지부, 특히 시흥안산지역지회는 이 싸움을 남의 일로 두지 않았다. 가장 고단한 자리, 구멍이 생기기 쉬운 일정에 제일 먼저 결합했다. 사람이 가장 뜸할 수 있는 주말과 명절에 곁을 지켰다. 매일 가야 하는 선전전에 하루도 거르지 않고 참여했고, 차량 이동지원을 했다. 티 나지 않는 가장 가까운 옆자리에서, 고요하고 뜨겁게 이 투쟁을 지키고 살린 연대라 할 수 있었다.

이 시기, 현장에 남아 있던 조합원들을 가장 힘들게 한 건 무엇을 더 해야 할지 모르는 것이 아니라 아무 일도 일어나지 않는 시간을 견뎌야 한다는 사실이었을 것이다. 이 견딤에 함께하는 방식으로 등장한 것이 이웃과 동지, 이웃 노동자들의 '돌봄'이었다. 막막한 시간 앞에 그저 함께 앉아 있어주는 것, 말벗이 되어주는 것, 몸이 조금이나마 덜 상하도록 챙기는 일. 안산시민행동의 일원이자 열정적인 연대자였던 김미금은 이 시간을 '생활'이라는 말로 설명했다.

> "집회는 한 번 하고 돌아가지만, 점거는 안 그렇잖아요. 끊임없이 공장을 중심으로 해서 사람들이 거점에서 먹고 자고 하는 것들이 사실은 어렵기도 하고요. 그런데 공장에서 연대하는 사람들이 같이 있으면서 이런저런 얘기도 하고, 자기 일처럼 이렇게 와서 같이 자주고 이야기도 해주고 같이 밥도 먹어주고 하면, 또 마음이 달라질 것 같아요. 그래서 생활을 같이하는 게 굉장히 중요하다는 생각이 들어요." (김미금)

"생활을 같이하는" 시간은 얼핏 보면 투쟁과 무관해 보이지만, 실제로는 싸움을 지속시키는 핵심적인 힘이라 할 수 있었다. 그건 불안이 쌓이기 전에 풀어낼 수 있는 틈이자, 혼자가 아니라는 감각을 반복해서 확인하는 시간 같은 것이었다. 투쟁이 길어질수록 투쟁 당사자 간에도 갈등이 빚어질 수 있는데, 이를 완화하기 위해 다정함과 웃음을 심는 역할 또한 중요했다고 김미금은 이야기했다.

그런 역할을 하는 데 주효한 이벤트가 또 하나 있었다. 가족 동영상 상영 프로젝트였다. 안산시민행동에서 기획하고 좋은이웃에서 제작한 것이었는데, 분회 조합원들의 가족을 만나 영상을 찍고 취합하고 편집하는 데 걸린 시간은 단 일주일이었다. 청산에 대항해 점거농성 중인 이웃 노동자를 위해, 활동가들이 꼬박 일주일 동안 손과 발에 불이 날 만큼 종종거린 것이었다.

"좀 한참 힘 빠져 있을 시기였을 때, 가족 동영상을 제작해서 한국와이퍼 집회 하나 있을 때 깜짝 서프라이즈로 딱 틀었거든요. 힘들지만 함께하고 있고 언제나 가족이 있다는 거 잊지 않고 같이하자, 하는 메시지들이 딸, 아들, 남편의 목소리로 나올 때 다들 막 감동의 눈물을 흘렸죠." (김현정)

좋은이웃은 당시 분회 조합원들을 위해 5000만 원이라는 큰돈을 대출해주기도 했고, 공제회의 전체 사업비에서 1000

만 원을 떼어 투쟁기금으로 지원하기도 했다. 대출의 경우는 담보조차 없는 대출이었다.

"만약에 투쟁이 잘 안 돼서 조합원들이 흩어지게 되면 이 돈은 못 받는 돈이에요. 근데도 좋은이웃에서는 선뜻 바로 내줬죠." (최윤미)

이 일들은 한국와이퍼분회가 노조를 만들기 전부터 실천한 몸과 마음의 시간이 방향을 틀어 되돌아온 것이기도 할 테다. 이들은 2016년 통상임금 소송에서 승소해 받은 미지급 임금에서 적지 않은 부분을 떼어 좋은이웃에 기부하고 사측과 교섭을 통해 지역공동체 상생기금을 출연해 좋은이웃에 지원되도록 했으니까.

숫자로 환산되지 않는 연대의 시간은 더 많았다. 한국와이퍼분회의 이야기를 다큐 영화로 만든 김수목 감독은 이를 대표하는 생생한 장면 하나를 소개했다. 분회에서 건네받은 영상에서 발견한 에피소드를 꼽으며 바로 그것이 "한국와이퍼의 저력"이라고 했다.

"노조 사무실에서 윤미, 경숙, 희숙, 민규, 미향 등 여러 간부분들이 모여서 어디 연대 간다고 커피나 꿀물 같은 걸 준비했어요. 많이 추운 날이었어요. 뜨거운 물을 담은 대야에다 그것들을 데워서 보온병에 넣어서 가는 장면이 있었어요. 편의점 가서 따뜻한 거 사면 되지 않냐고도 할 수 있지만 '우리가 정성을 들여서 직접 따끈하게 해서 가져가자'라고 하더라고요.

그걸 보면서 이들이 다른 동지들을 대할 때 어떤 마음인지를 알게 됐어요. 이게 한국와이퍼의 저력이 아닐까 하고 느꼈어요. 아주 사소한 것으로부터 마음을 내는 모습이라고 느꼈거든요. 한국와이퍼의 연대가 전반적으로 그러지 않았을까 싶어요. …… 근데 그게 한국와이퍼 투쟁에서 다 돌아온 거죠. 현장 점거농성하고 있을 때 그렇게 와서 자주고 밥도 같이 먹어주고 하는 게 정말 놀라웠거든요."(김수목)

김수목은 인상 깊었던 최근의 일화 하나도 소개했다. 2025년 10월, 한국와이퍼의 다큐 작업을 휘슬러영화제에서 상영할 일이 있었는데, 자막 번역이 급하게 필요했다. 영어 교사이기도 한 좋은이웃의 회원 한 분께 연락했다. 무리한 부탁인 걸 알았지만 이틀 안에 작업을 완성해줄 수 있겠느냐 물었다. 그는 어떤 덧붙임도 없이, "한국와이퍼 투쟁이니까 무조건" 반갑게 작업하겠다고, 나만큼 잘할 수 있는 사람은 없을 거라고 했다. 그러고는 밤을 새워 번역을 해주었다. 그뿐만이 아니었다. 다큐 영화 작업을 위해 인터뷰했던 연대자 한 사람은 "한국와이퍼에 연대한 과정은 연대한 나에게도 뿌듯하고 자랑스러운 것”이라는 말을 했다. 김수목은 그 말이 내내 기억에 남는다고 했다.

한국와이퍼분회가 자리를 잡는 데 많은 도움을 주었던 노동센터의 박재철 또한 ‘지역’이라는 더 너른 현장과의 연결을 강조해 말했다.

> “저는 시종일관 한국와이퍼뿐만 아니라 모든 사업장이 가장 중요하게 여길 것은 조합원들과 지역이 일치단결하는 거라고 생각해요. 그리고 그 209명이 그걸 지켰기 때문에 여기까지 온 거고요.” (박재철)

그가 말한 ‘지역’은 추상적인 공동체가 아니었다. 어떻게든 품을 내어 밥과 시간과 체온으로 농성장 지킴이의 곁을 지킨 사람, 한국와이퍼 투쟁 주제가를 만들어준 사람, 안산시청 홈페이지 게시판을 수시로 드나들며 글을 올린 사람, 가족 동영상을 만든 사람, 꼬박꼬박 회의를 꾸려온 사람, 국회 앞 천막을 오간 사람들의 구체적인 움직임이었다. 이 움직임이 모여 한국와이퍼분회의 싸움은 공장과 국회를 넘어, 안산이라는 지역의 시간 속으로 들어갔다.

9장

사회적 고용기금이라는 선택과 뚜벅이재단이라는 미래

해고 금지 가처분으로도 청산을 막을 수는 없어서

2023년 1월 말, '해고 금지 가처분' 인용 이후 현장의 공기가 달라졌다고들 말했지만, 최윤미는 그날을 마냥 기뻐하지만은 못했다. 사측은 이미 '청산'을 일관되게 말하고 있었고, 해고 금지 가처분 인용은 그 속도를 늦출 수는 있어도 방향을 바꾸지는 못한다고 느꼈기 때문이다. 그래서 그가 따로 한 일은 '끝이 다가오는 싸움'의 끝을 어떤 형태로 만들 것인지에 대한 고민이었다.

"다행히 1월 30일쯤에 해고 금지 가처분이 인용돼서 난리가 났죠. 회사는 해고를 할 수가 없는 거고 급여를 줄 수밖에 없어요. 분위기가 완전 역전됐죠. 그렇게 2월이 갔는데, 그 해고 금지 가처분 인용이 있기 전부터 저는 상당히 고민이 많았어요. 이 싸움이 해고 금지 가처분 인용이 되더라도 청산될 때까지일 것 같은 거예요. 청산이 되고 나면 고용관계 자체가 성립이 안 되기 때문에 해고 금지라는 게 의미가 없는 거죠."(최윤미)

현장 점거를 끝까지 고수하는 식으로 청산을 어렵게 하는 방법도 있기는 했다. 하지만 3.15 경찰 침탈사건으로 조합원들은 특히 힘에 부쳐 했고, 투쟁이 길어질수록 현장을 이탈하는 조합원도 차츰 생기기 시작했다. 각자의 사정이 있고 그 어려움 또한 저마다 다를 거였다. 존중받아야 하는 경우도 없지 않을 터였다. 그럼에도 이탈이 늘어날 경우, 분회 간부를 포함해 남아서 지키는 소수의 사람이 느낄 무게감이 커질 것도 분명했다.

"회사는 시간과 돈으로 버틸 거고, 우리는 지쳐갈 거고, 일부는 떠날 거고. 굉장히 열심히 활동하고 노동조합을 함께 만들어왔던 나의 소중한 동지들이 끝까지 남게 될 거고, 그 개인들의 삶이 굉장히 고통스러운 삶으로 전락하게 되겠죠."
(최윤미)

사회적 고용기금에 대한 상상과 실천

한국와이퍼의 사업 청산과 해고. 결국 이 결말을 수용하지 않기는 어려웠다. 무엇보다 중요한 건 209명이 나란히, 아프지 않고 함께 나아가는 것이었기 때문이다. 해고 이후에도 이 연결을 유지하기 위해 필요한 것은 무엇인지, 서로에게 힘이 되는 방법은 무엇일지 구상하는 일이 중요해졌다. 209명을 넘어, 지역사회의 이웃 노동자와 세상의 수많은 노동자들 모두가 안전한 삶을 지탱할 기반은 무엇인지 고민하는 일 또한 빼놓을 수 없었다. 그래서 생각한 것이 사회적 고용기금이었다.

최윤미는 '대우자동차 희망센터'를 비슷한 사례로 꼽았다. 2000년대 초반, 대우자동차는 부평공장을 정리하면서 대규모 구조조정을 강행했다. 이때 실직하게 된 1750명의 정리해고자와 4095명의 희망퇴직자가 있었다. 회사는 이들을 대상으로 특별직업훈련 과정 등의 재취업 지원 서비스와 다양한 생활지원 프로그램을 제공했다. 기업 차원에서 사회적 고용기금을 출연해 운영한 경우다.

최윤미는 이런 형식의 기금을 "우리가 직접 관리하고, 연대의 방식으로 풀어보면 어떨까" 하는 생각을 했다. 물론 한국와이퍼는 상황이 달랐다. 사업장 자체가 사라진다면 사회적 고용기금의 운영 형태 또한 달라져야 할 것이었다. 하지만 설계하고 시도해볼 여지는 있었다.

중요한 건 공장이 사라진 이후의 시간을 '각자 알아서'가 아니라, 집단적으로 관리하고 설계할 수 있다는 상상과 시도였다. 사회적 고용기금이라는 구상이 위로금의 다른 이름에 그쳐서는 안 되었다. 고용이 끝난 이후를 다루는 사회적 장치여야 했다.

마지막 교섭까지 내내 협상 테이블에 함께했던 정현철 금속노조 시흥안산지역지회 지회장 역시 여기에 함께 머리를 맞댔다. 그는 사회적 고용기금에 대한 아이디어가 막연한 상상에 가까운 것이었다고 말했다. 교섭이 어느 수준까지 이뤄질 수 있을지, 회사가 무엇을 내놓을지, 조합원들이 무엇을 감당할 수 있을지, 이 모든 것이 불확실한 상태에서 나온 논의였기 때문이다.

그는 자신이 결합해 함께 추진했던 오스람 투쟁을 언급했다. 오스람 투쟁 또한 1년여를 버텼는데 결국 공장이 폐쇄됐다. 이후에 조합원들은 모두 흩어졌다. 해직자 모임은 짧게 유지되고 끝났다. 그 경험 이후로 그는 해고 이후에 대한 고민을 거듭해왔다. 공장은 사라져도 조직과 관계가 사라지지 않게 하는 방법은 없을지를. 한국와이퍼분회는 그 방법을 찾아서 나아갈 수도 있겠다는 생각을 했다.

2023년 4월, 최윤미는 처음으로 조합원들에게 사회적 고용기금을 제안했다. 현장은 단숨에 시끄러워졌다. 터져나온 질문들은 지극히 현실적이었고, 또 타당했다. 제안은 이상적이기만 한 것으로 들릴 위험이 있었다. 고용승계가 어렵다면 결국 돈으로 정리할 수밖에 없는데 그 돈을 왜 굳이 기금으로 만들어 내 몫을 떼어내야 하느냐, 고용기금으로 뭔가를 한다 해서 당장 내 삶이 나아질 것도 아닌데 왜 내가 내 돈을 나눠야 하느냐 등 불만의 목소리가 가득했다.

각자의 생존과 생활이 얽힌 문제였다. 이를 좌지우지할 구체적인 숫자 앞에서 불만과 균열이 생기는 건 어쩌면 당연했다. 이때 다시 중요해진 건, 한국와이퍼가 오랫동안 한국와이퍼답게 유지해왔던 소통의 구조였다. 교육의 시간을 가졌고, 더 세심한 소통을 위해 간부들이 다시 움직였다. 간부들부터가 최윤미에게 설명을 듣고 또 들었다. 먼저 이해한 사람은 덜 이해한 사람에게 또 다른 언어로 개념을 풀이해 설명했다. 그리고 간부들은 조합원들을 향해 각 반과 각 개인의 언어로, 같은 설명을 되풀이했다. 질문받고 또 답했다.

여기서 빠져서는 안 될 것이 투명성이었다. 무엇을 알고 무엇을 모르는지, 지금 가능한 것과 불가능한 것이 무엇인지를 구분해 공유하는 것이 중요했다. 간부들은 보다 빠른 합의를 앞세우지 않았다. 대신 시간을 들여 서로를 다시 만나는 방향을 택했다. 같이 엠티를 가고, 같이 밥을 먹고, 같이 걸으며 이야기하는 동안 사람들은 조금씩 더 알아갔다.

사회적 고용기금에 대한 논의가 교섭 테이블 위에 오르

고, 내부 갈등 또한 어느 정도 정리되어가던 무렵이었다. 고용노동부, 덴소코리아, 일본 덴소, 일본 덴소와이퍼, 그리고 노조가 자리하는 4차 5자 교섭이 열렸으나, 협의는 결렬되었다. 그 직후 3차 원정투쟁이 논의되었고 최윤미의 삭발이 계획되었다. 그리고 토요타 주주총회 100회 기념식이 있는 날, 토요타 본사 앞에서 삭발이 이뤄졌다. 내내 침묵으로 일관하던 일본 덴소가 여기에 반응을 했다. 그럼에도 일본으로부터의 선명한 응답이 늦어지자, 분회는 4차 원정단 발대식을 진행했다. 출발을 준비하는 몸들이 모였고, 분위기는 결연했다. 바로 다음 날 일본으로부터 교섭을 재개하자는 연락이 왔다.

교섭은 성사되었다. 2023년 7월 31일, 7차 5자 교섭 자리에서였다. 사회적 고용기금 조성에 대한 합의가 이루어졌다. 사측이 50억을 제시했고 분회가 100억을 제시했다. 최종 합의된 기금 액수는 75억 5000만 원이었다. 8월 4일, 8차 교섭에서는 합의서 내용에 대한 잠정 합의가 이루어졌다. 그리고 8월 16일, 최종 조인식이 있었다.

뚜벅이재단이라는 이름의 공동체

조합원들은 사회적 고용기금으로 받은 금액의 일부인 24억 원을 떼어 뚜벅이재단을 만들기로 했다. '뚜벅이'라는 이름은 2022년 가을, 한국와이퍼분회 조합원들이 덴소코리아 화성공장에서 국회까지 3박 4일을 걸었던 시간에서 착안되었다.

뚜벅이의 시간은 분회의 요구안을 전달하기 위한 퍼포먼스라기보다, 무엇을 붙잡고 이 싸움을 이어갈 것인가를 몸으로 다시 확인하는 과정에 가까웠다. 앞이 잘 보이지 않는 상황에서 가장 확실한 선택은 멈추지 않는 것이었다. 뚜벅이라는 이름은 속도나 완주를 뜻하지 않는다. 낙오 없이 함께 꾸준히 나아가는 것이 중요했다. 옆 사람의 속도를 살피며 나란히 함께 걷는 것. 그렇게 서로에게 맞추며 걸었기에 몸의 상태가 제각기 다른 상황에서도 행렬은 흩어지지 않았다. 최윤미와 조합원들은 그 경험을 귀하게 여겼다. 재단의 이름으로 '뚜벅이'만 한 게 없었다.

공장이 정리되거나 해고가 되면 대개는 임금과 함께 관계도 끊긴다. 같은 시간대에 출근하고, 같은 라인에서 일하고, 같은 식당에서 밥을 먹으며 쌓아온 연결망이 해고 통지서 한 장으로 단절된다. 반월·시화공단에서 일하는 이들은 잔업까지 하면 보통 12~14시간가량을 공장에 머문다. 그건 일터가 단지 돈을 버는 장소만이 아니라는 의미다. 깨어 있는 시간의 대부분을 공장에서 보낸다는 건 그곳이 곧 삶과 일상과 관계의 거의 전부를 구성하는 공간이 된다는 뜻이다.

한국와이퍼분회의 조합원들에게는 한국와이퍼가 그런 공간이었다. 대개 20년 남짓한 세월이 한국와이퍼 안에 깊이 스며 있었다. 그래서 이들은 더더욱, 앞으로도 이 관계가 끊이지 않고 지속될 수 있는 공간을 필요로 했다.

"그래서 우리는 흩어지지 말고 공간을 만들고 이걸 비영리법인으로 만들어서, 혼자서 그다음을 준비하지 말고 모여서 함께 준비하자는 얘기도 많이 했어요. 거기에 대한 기대가 있으신 조합원들도 사실 좀 있었어요." (최윤미)

흩어지지 말자. 다음을 같이 준비하자. 뚜벅이재단은 그 바람과 약속을 구조의 형태로 만들기 위한 필연적인 선택이었다.

다만 재단이 출범하고 처음 1년은 역설적으로 "조직화가 어려운 시간"이었다. 실업급여를 받는 동안이었기 때문이다. 그렇게 쉬어본 적이 처음인 많은 이들이 '자유'의 시간을 충분히 누렸다. 더러는 취업을 시도하기도 했지만 임금이 실업급여와 크게 다르지 않았다. 결국 대다수가 쉼을 택했다. 한 조합원은 그 시간을 두고 "어쩔 수 없이 쉬어야 하는 상황인데, 이런 쉬는 시간이 또 되게 좋은 것 같기도 하다"고 말했다.

하지만 실업급여 기간이 끝나자 상황이 달라졌다. 대부분이 당장 재취업을 해야 하거나 어디에라도 소속되어 일하고 싶어 했다.

"제가 요양보호사분들 모임에 나가서 들은 얘기인데, 다들 우리 조합원들이랑 비슷한 나이대거든요. 한 분이 그런 얘기를 하셨어요. 열악하고 힘들지만 아침에 출근할 수 있는 곳이 있어 좋다고요. 우리가 다 그런 생각을 가지고 있었던 것 같아요. 조합원분들도 물론 힘들고 돈 안 되고 이런 거 알지만 어딘가에 소속되고 싶어 하는 게 분명히 존재하는 것 같거든요. 그래서 끊임없이 일자리 찾는 거를 계속 도전하시고……" (정민규)

하지만 현실은 녹록지 않았다. 사람들이 제일 먼저 마주친 벽은 면접에서의 질문이었다. 한국와이퍼 경력이 쓰여 있으니 노조활동에 관한 질문이 예정된 수순처럼 따라온 것이다. 누군가는 "노조활동을 열심히 했다"고 말했다가 더는 연락을 받지 못했고, 누군가는 "잘 모른다"거나 "어쩔 수 없이 있었다"고 말하며 얼굴을 들지 못했다. 자부심과 생존이 충돌하는 순간이었다.

재단은 이런 경험을 개인의 곤란으로 남겨두지 않았다. 조합원들을 모아 실제 면접 상황을 가정해 답변을 함께 연습하는 시간을 가졌다. 누군가는 질문을 던지고, 누군가는 대답을 해봤다. 그 대답이 어떤 인상을 남길지 서로 이야기했다. 그렇게 함께 대처 방안을 마련했다. 노조활동에 대해서는 재취업을 위한 전략으로, 다 같이 '모른다'고 하기로 했다. 상처를 최소화하기 위한 공동의 결정이었다.

"노조 했다는 말이 왜 문제가 되는지, 그걸 개인이 감당하게
두면 안 된다고 생각했어요. 그래서 아예 같이 연습을 했죠."
(정민규)

또 재단은 취업박람회를 함께 다니며 업체에 전화를 걸어
어떤 사람을 뽑는지, 어떤 일을 하는지를 확인하고, 수십 곳
가운데 가능한 선택지를 추려 정보를 공유했다. 먼저 면접을
본 이들이 무슨 질문이 나왔는지를 공유했다. 혼자 겪으면 수
모나 곤궁으로 남을 질문들이 공유를 거치면 함께 마음을 쓰
고 대책을 세우게 하는 공동의 문제가 되었다.

"취업이 가장 중요한 투쟁이라는 말을 많이 했어요. 지금은
버티는 방식이 달라졌다고." (최윤미)

더 나은 내일에 대한 이름, 뚜벅이재단

뚜벅이재단을 설명할 때 자주 따라붙는 말은 '기금'이지
만, 재단의 핵심은 '돈'에 있지 않다. 사회적 고용기금 역시 개
인 보상을 대체하기 위한 장치가 아니라, 관계를 유지하기 위

한 조건으로 설계되었다. 당시 조합원들 사이에 갈등과 긴장이 형성되기도 했지만 그럼에도 최종 합의가 가능했던 이유는 이들이 이미 오래전부터 '함께 책임지는 방식'을 연습해왔기 때문이다.

> "예전에 통상임금 소급분 받을 때도, 조합원들이 자기 몫의 일부를 모아서 비정규직 노동자들(좋은이웃)을 위한 기금을 만들었잖아요. 그런 경험이 있었기 때문에, 이게 처음은 아니었죠." (최윤미)

노동센터의 센터장 박재철이 말하는 '이웃 노동자' 역시 같은 맥락에 있다. 그는 한국와이퍼의 노사협의회 시절부터 이곳의 교육을 지원하면서 사람들의 성장을 돕고 이들과의 대화를 이어온 사람이다. 그는 한국와이퍼의 싸움이 여기까지 올 수 있었던 이유를, 노조 내부의 결속을 넘어 노조 울타리 바깥의 노동자들까지 스스로를 당사자로 느끼게 만든 방식에서 찾았다.

> "(한국와이퍼분회의 투쟁을) 노조 안에 있는 사람들만의 싸움이 아니라, 이 동네에서 같이 일하고 같이 살아가는 이웃 노동자들의 문제로 계속 만들었던 게 중요하다고 생각해요." (박재철)

박재철에게 이웃 노동자란 언제든 같은 조건으로 밀려날 수 있는 사람들이었다. 그에 따르면, 재단을 세우는 과정은 투쟁을 통해 만들어진 관계를 다시 사회 안에서 작동하게 만드는, 다음 단계의 노동 조직화다. 노조가 더는 교섭의 형식으로 붙잡기 어려운 사람들을 재단이라는 이름으로 다시 연결하는 시도라는 것이다.

재단은 그래서 '돕는 곳'과 '도움받는 곳'을 구분하지 않으려고도 한다. 서로의 시간을 함께 쓰고, 다음을 함께 준비하는 자리로 작동하게 하려 한다. 어떻게 대응할지, 어디까지 감당할지를 개인이 아니라 공동체의 문제로 다시 묶으려 한다.

뚜벅이재단은 이미 다양한 활동을 진행해왔다. 회원인 노동자들에게 밥값 지원도 하고, 노무사 상담 지원도 한다. 지역의 요양보호사 모임을 꾸리는 일도 좋은이웃, 노동센터와 함께 추진하고 있다. 청소 노동자와 경비 노동자 야유회를 지원하기도 했다. 지역 노동단체 네크워크를 만들고 이를 활용해 2025년 3.8 여성의 날에 1000명의 여성 노동자들에게 빵과 장미와 응원의 메시지를 나누는 사업도 함께 진행했다. 이들이 주력하는 건 '혼자'로 남겨질 수 있는 이들이 고립되지 않도록 연결하는 것, 기댈 수 있는 공간과 관계를 함께 만들어나가는 것이 아닌가 싶다.

재단은 현재 최윤미 상임이사와 정민규 사무부장이 상근하는 구조로 운영되고 있다. 정민규 사무부장은 한국와이퍼분회의 분회장 역할을 맡고 있기도 하다. 그렇다. 공장이 사라졌어도 조합은 유지되고 있다. 여전히 160명 이상의 조합원이 함께한다. 매달 있는 정기모임에는 평균 60명가량이 참석한다.

최윤미와 정민규는 쉴 시간이 별로 없고 주말도 일해야 할 만큼 바쁘다고 했다. 재단이 제대로 자리를 잡기까지 두 사람의 어깨가 많이 무거울 것 같다. 최윤미는 재단을 "잘 지켜낼 수 있을지, 확장시킬 수 있을지 조금은 두렵다"고 했다. 하지만 이들 곁에는 늘 사람이 있기에, 또 이들이 홀로 남겨두지 않았던 사람들이 있기에 앞으로의 시간이 어둡지 않을 것을 믿는다.

무엇보다 한국와이퍼분회 사람들은 투쟁의 끝을 개인의 몫으로 돌리지 않았고, 서로를 돌보고 책임지기를 주저하지 않았으며, 관계를 잇고 유지하는 기술을 제도화하려는 시도를 포기하지 않고 있다. 그러니 뚜벅이재단이라는 이름은 이후의 시간을 함께 만들어가려는 이들의 이름이자, 더 나은 내일에 대한 이름이 되기에 부족함이 없다고 믿는다.

#장면들

#장면들은 1부의 기록을 성기게나마 사진으로 엮어본 장이다.
지면의 한계로 무수한 사진들이 탈락하고 극소수만 남겨졌다.
그럼에도 이야기를 마주하게 될 당신이 이미지를 따라 이들의 시간에
조금이라도 더 가깝게 다가갈 수 있기를 바라는 마음을 담았다.
#장면들의 시작은 공장 안이다. 하루에 수천 개씩 같은 부품을
결합하고, 쇳대를 들었다 놨다 하며, 작은 불량을 가려내는 데 온
신경을 써야 했던 시간으로 시작한다. 그 사이사이와 그 이후, 싸움이
있었고 맞잡는 손이 있었고 살아 있는 얼굴이 있었다.
그 얼굴들은 공장 밖으로도 나갔다. 국경 밖으로도 나갔다. 그리고
매일같이 공장으로 돌아왔다. 수많은 선전전과 집회, 행진, 노사교섭,
공장점거, 단식농성, 원정투쟁, 국정감사를 지나왔다. 청산 이후를
설계하고 더 많은 이웃 노동자와 함께 살 방도를 찾아나갔다.
이 모든 시간 안에 빠짐없이, 웃는 얼굴이 있다. 웃는 얼굴이 남았다.
그 얼굴들의 길을 당신이 부디 아주 느릿한 걸음으로 따라가볼 수
있기를 바란다.

한국와이퍼 공장 내 작업 모습. 차량 유리창을
닦는 와이퍼 브레이드의 작은 부품을 결합하는
작업을 하고 있다. 하루 평균 작업량은
3000개가량으로, 작업 강도가 매우 높다.

마지막 공정에 해당하는 검사공정을 수행하고
있다. 종일 쇳대를 들었다 났다 하며 온 신경을
집중해야 하는 일이다.

후방와이퍼의 스프링 강도를 체크하는 작업을 하고 있다. 작은 불량만으로도 심각한 안전사고로 이어질 수 있기에 작업자는 불량 선별에 만전을 기한다.

노조가 생기기 전에도 한국와이퍼 노동자들은 부지런히 목소리를 냈다. 노사협의회 시절이었던 2012년, 이들은 임금협상을 앞두고 등 벽보를 붙이는 단체행동을 했다.

한국와이퍼분회 설립 선언문

우리는 벼랑 끝에 선 기분입니다. 일산향 사업을 추진하면서 급격하게 사세를 늘렸다가 이제는 자본의 논리에 따라 일방적으로 다시 사업 규모를 축소한다고 합니다. 현장 인원수는 정해져 있는데 갑자기 물량이 줄어든다고 합니다. 그러면 우리는 다 어디로 가야 합니까.

OEM 핵심 차종은 이미 울산으로 사회하도급화되어 있는 상태입니다.

우리는 내년이 불투명한 상태입니다. 거기다 경영진의 움직임이 심상치 않습니다. 이전을 우리 경영진이 직접 기획하는 등 우리와 함께 상생하겠다는 의지가 보이지 않는 상태입니다.

이런 때에 우리가 힘이 있어야 합니다. 우리의 힘은 무엇입니까? 바로 단합입니다. 사내하도급을 막아냈던 힘은 우리 모두 감시자가 될 것이라는 결의가 전달됐던 것입니다.

지금이 바로 그 단합이 필요한 것입니다. 또한 그 단합의 힘이 두려움이 되어야 합니다. 두려움이 존엄을 만드는 것입니다.

우리의 존엄을 위해서 우리는 노조를 만들려고 합니다. 이제부터 진정한 싸움의 시작입니다. 내 자리를 지키려고 하면 우리의 자리는 없습니다. 내 자리만 지키려고 하는 순간 내 자리의 노동조건은 계속 나락으로 떨어질 것입니다.

하지만 함께 지키려고 한다면 그것은 철옹성이 될 것입니다. 이제 철옹성을 만들어봅시다. 우리에게 다른 선택은 없습니다. 똘똘 뭉쳐 함께하는 것입니다.

노조 가입서를 씁시다. 함께합시다.

2018년 6월, 임금협상 설명회 자리에서 읽힌
노조 설립 선언문 전문. 그곳에 있던 현장
노동자들 대부분이 노조 가입서에 서명했다.

2021년, 덴소코리아 덴소와이퍼 본사는
한국와이퍼 노동자들의 고용을 보장하는
고용합의서에 직접 연서명을 했다. 하지만
그로부터 9개월 만에 일방적으로 청산을
발표했고, 고용합의서는 휴지조각이 됐다.
노동자들은 바로 그 고용합의서를 덴소코리아
본사 외벽에 붙이며 항의했다.

회사는 노조와의 시간 끌기 교섭을 진행하는
동시에 뒤로는 조합원들을 따로 면담했다.
회사 청산을 문자로 급작스레 통보하기도 했다.
이에 분노한 조합원들은 벽보를 써 붙였다.

고용합의를 위반하고 일방적 구조조정안인
조기퇴직 제도를 시행한 회사의 부당노동행위를
규탄하는 모습.

노조는 2022년 9월에 세종 고용노동부 앞에
천막을 설치하고, 단협을 위반한 외투자본에 대한
국정감사를 요구했다. 사진은 그 투쟁에 가장
먼저 달려온 금속노조 경기지부가 총파업투쟁
결의대회를 여는 모습이다.

2022년 11월, 조합원들은 쫓겨날 위험에 처했고
최윤미 분회장은 이에 항의하기 위해 단식에
들어갔다. 이런 절박한 상황에도 조합원들은
늘 웃는 얼굴로 서로를 돌보며 즐겁게 투쟁했다.

분회장의 단식이 38일차에 들어서던 날 아침의
안산역 육교 위 풍경. 조합원들은 매일 아침마다
절박한 마음을 담아 육교 선전전을 진행했다.
이곳 현수막을 보고 한국와이퍼 투쟁을 알게
되었다는 안산 시민이 많았다.

44일간 이어졌던 단식농성을 마무리할 당시의 모습. 어린 자녀들과 떨어져 있는 일이 쉽지 않았고, 40일을 넘기면서는 숨 쉬기조차 힘들었다고 최윤미(왼쪽)는 회고한다. 하지만 끝내 버텨낼 수 있었던 건, 미안해서 어쩔 줄 몰라 하는 착한 동료 조합원들, 그의 단식이 헛되지 않도록 곳곳에서 온갖 방법으로 함께 싸워준 연대자들, 그의 곁을 지키며 함께 단식을 강행한 이규선 지부장(오른쪽) 덕분이었다.

공장점거 투쟁이 시작된 2023년 1월 2일의 모습. 점거농성은 216일간 이어졌다. 전기장판을 깔고 자던 한겨울에 시작해 모기에 시달린 한여름에 마무리했다. 쥐 가족과 함께 밤을 보낼 만큼 극도로 열악한 환경이었지만 조합원들은 사랑과 존엄을 지킬 수 있었다고 이야기한다. 자신의 일처럼 몸과 마음 내준 이웃과 연대자들 덕분이었다. 현장은 매일 온기가 넘쳤다. 단 하루도 외로운 날이 없었다고 조합원들은 입을 모아 말한다.

시민 연대자들은
한국와이퍼의 투쟁 소식이
담긴 벽보를 안산 지역 내
버스정류소 구석구석에
붙이고 다녔다. 이런 손길들이
있었기에, 사람들이 모일
만한 곳이면 어디에서든
한국와이퍼의 소식을 접할 수
있었다.

해고예고 통지서

발　신: 2023.01.12
수　신:　　**최윤미**　　귀하
제　목: 해고예고 통지

1. 귀하도 알고 계시다시피, 한국와이퍼 주식회사(이하 "회사")는 2022년 7월 주주총회 해산 결의에 따라 2023년 1월 8일부터 청산절차가 개시되었습니다. 이에 회사는 근로기준법 제26조 및 단체협약 제24조에 따라 2023년 2월 18일부로 부득이 귀하를 회사 청산으로 인하여 해고하게 됨을 알려드리니 양지 바랍니다. 근로기준법 제 27조 제3항 및 본 해고예고 통지에 따라, 귀하와 회사간의 고용관계는 2023년 2월 18일 부로 별도의 추가 통지 없이 자동적으로 종료됩니다.

2. 회사는 공장 가동 중단 및 청산 절차 개시로 인한 휴업을 시행함에 따라 귀하에게 2023년 1월 1일부터 휴업 시행을 통지한 바 있으며, 이에 따라 귀하는 현재 휴업 시행을 적용 받고 있습니다. 귀하는 본 해고예고 통지 이후 해고일까지 기존과 동일하게 휴업 시행을 적용받게 됨을 알려 드립니다.

3. 귀하는 아직 회사에 반납하지 않은 귀하가 회사로부터 부여 받아 사용해 오던 업무와 관련된 일체의 회사 재산과 물품 등을 본 해고예고 통지를 수령하는 즉시 모두 회사에 반납해 주시기 바랍니다. 아울러 귀하는 회사의 사전 승인 없이 회사 및 회사 관련 장소, 시설(사무실 및 공장 포함)등에 대한 출입이 일체 허용되지 않으며, 이를 어기고 무단으로 출입을 하는 경우에는 관련 법률에 의거 조치될 수 있음을 알려드립니다.

4. 회사는 관련 법률과 회사의 제 규정에 따라 귀하가 받을 수 있는 임금 및 기타 금품을 법정기간 내에 귀하의 급여 통장으로 지급할 것입니다. 추후 본 해고예고 통지를 비롯하여 회사 청산 절차 진행 등과 관련한 문의 사항이 있는 경우에는 [총무부 ███ ████████]에게 연락하여 주시기 바랍니다.

5. 회사는 귀하에게 본 통지를 하게 됨을 안타깝게 생각하며, 귀하가 그 동안 회사의 발전을 위해 기여한 노력과 관심에 대해 깊이 감사 드립니다.

한국와이퍼 주식회사
청산인 ██████ (인)

수 신 인:　**최윤미**
████ ████ ███████████ ███████ ████ ████ ████

발 신 인:　한국와이퍼 주식회사
████ ████ ███ ████

회사가 조합원들에게 급작스럽게 발송한 해고예고 통지서. 조합원들은 이를 받고도 해고를 실감하지 못했다. 이때 노조 역시 가만히 있지 않았다. 조합원들의 가족에게 편지를 부쳤다. 편지에는 회사의 부당한 해고에 대한 경위와 고용보장 투쟁을 잘 이어나가겠다는 진심 어린 약속이 담겨 있었다.

209명의 조합원들은 3조 3교대로 공장을
지켰다. 공장을 지킨다는 것은 단순한 '점거'를
넘어 서로의 일자리를 지키는 일이기도 했다.

일본 2차 원정투쟁에서의 한 장면. 조합원들은 덴소가 약속을 지키지 않는 기업이라는 것을 현지에 널리 알리려 했다. 덴소는 이러한 불명예를 떠안게 될까봐 두려워했다.

2차 원정투쟁에서 조합원들은 일본 시민과
덴소를 향해 한국와이퍼를 지켜달라는 읍소를
했다. 말도 통하지 않는 나라에서 투쟁을 이어가는
일은 녹록지 않았다. 2월이라 아직 추운 날씨여서
더 그랬다. 조합원들이 직접 짠 노란 목도리가
유용하게 쓰였다.

한일정상회담 하루 전인 2023년 3월 15일 새벽 4시. 여전히 고용관계를 유지한 채 노사 간 분쟁 상태에 있던 209명의 노동자들을 700여 명 경찰 병력이 이유 없이 진압했다. 경찰이 노동자들을 공장 밖으로 끌어내는 동안, 회사가 고용한 용역 기술자들은 공장 안에 있던 금형을 분리해 빼갔다. 조합원 중 몇몇이 다쳤고 이들 대부분은 마음의 상처를 크게 입었다.

안산 육교 위에서 3.15 공권력 투입과 경찰 폭력에 대해 항의하는 모습.

2023년 4월 5일, 덴소코리아 창원 본사 앞에
금속노조가 모였다. 비가 억수같이 내렸지만
모두가 투쟁에 매진했다. 덴소코리아는 이들이
정문을 급습할까 두려워하며 통근버스로 차벽을
만들어 세웠다. 그중 한 버스가 빗길에 미끄러져
덴소코리아 정문 벽이 박살났다.

일본의 연대활동가들은 국경을 건너온 한국 노동자들의 곁을 처음부터 끝까지 지켰다. 앰프 하나를 전달하기 위해 수백 킬로미터의 거리를 밤새 달려와주고, 하루를 온전히 써야 하는 강행군 투쟁에 내내 함께했다. '투쟁 코디'를 자처하며 나서기도 했다.

일본의 덴소 본사 앞에 그들의 기만적인 행보를 알리며 덴소를 규탄하는 내용의 현수막을 걸어놓은 모습.

2023년 6월, 10박 11일간의 3차 일본 원정투쟁.
해가 뜨거웠던 날씨만큼 일본 원정투쟁단의
시간도 뜨거웠다. 점심을 늘 편의점 도시락으로
때울 만큼 조금의 시간도 허투루 쓰지 않으려
노력했다. 한국에서 기다리는 조합원들의 기대를
저버리지 않겠다는 마음이 이들을 바쁘게 했다.

일본의 연대자들은 현수막을 함께 들고
행인들에게 전단을 나누어주며 사안을 알리는
등으로 한국 노동자들의 곁에 든든하게 서주었다.

3차 원정투쟁 중에 일본 덴소 본사 앞에서 이뤄진
최윤미 분회장의 삭발식. 토요타의 100번째
주주총회가 있는 날이었다. 노사 간 고용합의를
일방적, 기만적으로 파기한 일본 자본에 대한
한국 노동자들의 경고였다.

3차 일본 원정투쟁을 마치고 돌아온 뒤에도
결정적인 교섭이 이뤄지지 않자 조합원들은
4차 원정투쟁을 결의했다. 집회 열기는 갈수록
뜨거워졌다.

2023년 8월 21일, 노사합의가 극적으로
타결된 직후, '한국와이퍼 노사합의 타결 환영
기자회견'이 국회에서 열렸다. 최윤미 분회장은
이 자리에서 "209명의 조합원이 함께 살 수
있는 방안을 모색했고, 조합원들의 재고용 지원
및 한국사회의 고용약자를 위한 사업을 할 수
있는 사회적 고용기금을 만드는 데 합의했다"고
밝혔다.

한국와이퍼가 청산된 지 8개월이 지났을 무렵인
2024년 5월, 조합원들의 재취업을 위한 면접
교육이 이뤄지고 있다.

2024년 6월 28일, 사회적 고용기금을 투입해
만든 뚜벅이재단이 드디어 문을 열었다.
이날 개소식에는 수많은 이웃 노동자와
연대자, 연대단체가 함께해 축하를 나눴고,
을지로위원회에서도 참석해 자리를 지켰다.

2025년 9월의 조합원 모임 풍경. 한국와이퍼는
사라졌어도 한국와이퍼분회는 남았다.
조합원들은 매달 재단 사무실에 모여 안부를 묻고
밥을 나눈다. 서로의 삶을 응원하는 자리이자
서로를 힘껏 돌보고 일으키는 자리다.

2부

목소리들

1부에서 나는 이 싸움이 어떻게 이어졌는지를 따라가려 했다. 어떤 결론으로 수렴했는지보다는 사람들이 어떤 시간에 머물렀고 어디로 다시 나아가려 하는지를 바라보고 싶었다. 2부는 그 시간 속에 있었던 사람들 가운데 일부의 목소리를 다시 불러오는 지면이다.

한국와이퍼 투쟁의 끝에 남은 조합원은 209명이다. 그 곁에 서주었던 이들까지를 포함한다면 모두 셈하기 어려울 정도로 무수할 것이다. 내가 직접 만나 이야기를 나눈 사람은 그 수에 턱없이 못 미치며, 이 장에 실린 목소리들이 전체를 대표하지도 않는다. 이들은 이 기록 작업을 진행하는 동안, 내가 비교적 용이하고 안전하게 닿을 수 있었던 얼굴들이라 할 수 있다. 그래서 이 기록은 애초부터 완결을 목표로 하지 않는다.

이 싸움에는 늘 여러 자리가 있었다. 공장 안에 남아 있던 자리, 등을 돌리고 한참을 서성이다 결국 함께로 돌아온 자리, 늘 곁에 있었지만 이름으로 호명되지는 않았던 자리까지. 이웃의 부엌과 마당, 지역의 골목과 일터, 그리고 국경 너머에서 이 싸움을 바라보다 손을 내밀었던 얼굴들도 있다. 2부에 등장하는 사람들은 모두 같은 방식으로 이 싸움에 서 있지 않았다. 누군가는 해고 통지를 받은 노동자였고, 누군가는 지극한 연대자였으며, 누군가는 법과 제도의

언어로, 또 누군가는 저마다의 언어와 제 고유의 리듬으로 이 싸움에
연루된 사람들이었다.

나는 소위 투쟁의 당사자들뿐 아니라 이렇게 연루된 이들의 목소리를
나란히 함께 놓고 싶었다. 한국와이퍼 투쟁은 서로 다른 위치에
있던 사람들이 각자의 자리에서 조금씩 움직이며 만들어낸 시간의
이야기에 가깝기 때문이다.

이 목소리들을 옮겨 적는 일은 종종 조심스러웠다. 어떤 말들은 너무
구체적이어서 그대로 받아 적기 망설여졌고, 어떤 기억들은 한 사람의
삶을 통째로 끌어안고 있어 섣불리 정리할 수 없었다. 일터에서 밀려난
이후의 생활, 관계의 균열, 다시 일하는 몸이 되기까지 겪어야 했던
수모와 불안, 그럼에도 곁의 얼굴들을 떠올리며 버텨온 시간, 그 곁의
얼굴로서 뭐라도 하려 했던 도처의 마음들.

여기 실린 말들은 전체의 일부다. 그러나 이 일부가 존재한다는
사실은, 여기에는 없는 다른 목소리들 또한 분명히 존재한다는
증거다. 늘 현장에 있을 수는 없었던 사람들, 기록의 언어에 미처
다다르지 못한 말들, 끝내 이름으로 새겨지지 못한 이름들까지,
나는 그 모든 부재를 여기에 함께 두고자 한다. 기록은 다음의 듣기를
부르는 일이라고 믿으면서.

< 1 장 >

끝까지 함께:
김경숙, 신미향, 안순옥의 시간

한국와이퍼분회 사무부장 김경숙

김경숙은 2004년 5월에 지인 소개로 한국와이퍼 면접을 보게 됐다. 그로부터 사흘 후 바로 출근을 했다. 그 뒤로 공장이 문을 닫기까지, 19년을 재직했다. 이처럼 한곳에 길게 머물게 된 것을 그는 '사람' 덕분이라 이야기했다.

사람도 좋고 같이 밥 먹는 것도 좋아서 자주 어울려 밥을 먹다 보니 '밥심' 모임의 멤버가 되었다. 노사협의회 시절부터 총무도 맡게 됐다. 다들 하는 틈에 김경숙도 섞여 금속노조 경기지부 시흥안산지역지회의 일반분회 조합원으로 가입했다. 한국와이퍼가 노조를 만든 뒤에는 노조 사무처 업무를 전담하는 사무부장이 됐다. 처음에는 무척 힘들었다고 했다.

“딱 시작했을 때는 뭐가 뭔지 모르겠고, 회계 처리도 어떻게 해야 할지 모르겠고, 지회장님이 알려주셨는데도 처음이니까 힘들었어요. 그래서 대상포진도 앓아가지고…… 두 번이나 그랬어요. 교섭도 얼굴이 부은 상태에서, 창피하게 들어간 적도 있어요. 그때부터 면역력이 많이 떨어지기도 했어요. 처음이고, 회계 처리도 해야 하잖아요. 감사받아야 되고.”

이처럼 부대꼈던 시간을 이야기하다가도 그는 늘 ‘그래도 재밌었다’는 결론으로 나아가곤 했다. 그런데 단 한 가지의 예외가 있었다. 집안의 사정 앞에서는 그렇지가 않았던 것이다. 남편은 김경숙이 밤 12시가 넘어 귀가하는 걸 질색했다. 회의는 대개 잔업이 끝난 뒤에야 이뤄졌으니, 회의만 끝나도 어느새 12시가 가까워진다. 뒤풀이까지 하면 자정을 넘기는 건 거의 필연이었다.

“신데렐라였거든요. 남편이 12시만 넘지 말아라, 문 잠가버린다, 맨날 그런 소리를 했어요. 뒤풀이하다 보면 12시 넘어요. 12시 1분만 돼도 남편이 여지없이 잠가놔버려요. 안에서 걸어놔요. 안에서 걸어놓으면 안에서 풀어줘야 하잖아요. 몇 번을 그냥 대판 싸우고 밖에서도 울고. 아무튼 남편 때문에 힘들었어요.”

이런 이야기를 하면서도 김경숙은 그 힘겨움의 시간을 하나의 개념으로 정의 내리지 않았다. 대신 김경숙은 자신에게 주어진 상황을 자신의 방식으로 이해하려 하고, 그 속에서 최선의 방안을 찾아, 지켜내야 할 것을 지켰다. 남편이 문을 잠근 다음 날이면 먼저 다가가 미안하다고 말했고, 변함없이 아침 식사를 챙겼다. 그러면서도 노조 회의는 빠지지 않았다. 어쩌면 너무 빽빽한 이음매로 가득 찬 일상처럼 보일지 몰라도, 그 역시 김경숙이 연마해가는 삶의 기술이자 투쟁일 수 있었다.

연말이 다가오면, 그의 밤은 더 짧아졌다. 조합원들이 연말정산 서류를 들고 찾아왔기 때문이다. 컴퓨터를 잘 다루지 못하거나 연말정산을 어려워하는 이들이었다. 김경숙은 그들을 그냥 돌려보내지 못했다. 그런데 문제는, 서류 인쇄를 위한 프린터가 남편 방에 있다는 점이었다. 밤에 몰래 프린터를 빼내거나 남편이 출근하기를 기다렸다가 아침에 재빠르게 작업을 했다. 그래도 김경숙은 그렇게 조합원들을 돕는 게 좋았다.

"언니들이 힘들잖아요. 서류 하나 때문에 막 몇 날 며칠 고민하고 잠도 못 자고 그러는 거 보면, 내가 해줄 수 있으면 해주고 싶었어요. 내가 그거 한다고 뭐 대단히 손해 보는 것도 아니고. 그냥, 그게 좋았어요."

자신이 감내해야 하는 불편들을 크게 신경 쓰지 않는 타고난 성정도 있겠지만, 공장에서의 시간 또한 이 태도에 영향을 미쳤을지 모르겠다는 생각을 했다. 입사 초기에 만난 '짝꿍'에 대한 이야기에서 이를 짐작할 수 있었다. 김경숙은 와이퍼의 암arm을 조립하는 전조립 부서에서 일했는데, 큰 쇳덩이를 다루는 일이라 팔과 손목에 무리가 많이 갔다. 처음 몇 달은 몸이 잘 버티지 못했다. 실수도 잦았다. 그를 붙잡아준 건 그와 한 조를 이뤘던 '짝꿍' 중 한 사람이었다.

"제일 힘든 부서였거든요. 거기서 짝꿍 언니를 잘 만났어요. 그 언니를 잘 만나가지고 불량이 나도 괜찮다고 하고, 며칠을 그렇게 내가 불량 내도 그냥 웃어주면서 괜찮다고 다독거려줬어요. 몸 아프지? 하면서 천천히 이것저것 챙겨주고 먹을 것도 챙겨주고. 짝꿍을 잘 만나서 제가 지금까지 버텼던 것 같아요."

그 고마움을 20년이 지난 지금도 그는 고스란히 기억하고 있었다. 그가 받았던 호의도 인상 깊었지만, 기억을 붙드는 김경숙의 방식 또한 귀하게 느껴졌다. 크고 작은 어려움 속에서도 그는 자신이 받았던 걸 다른 방향으로 내내 환원하고 있었으니까. 한국와이퍼의 시간은 이런 돌봄들이 돌고 돌아 여기까지 나아온 것이 아니었을까 싶었다.

김경숙은 한국와이퍼에 들어온 뒤로 자신이 "많이 바뀌

었다"고 했다. 원래도 사람 좋아하고 함께 밥 먹는 걸 좋아했지만, 더 밝아지고 적극적인 성격이 되었다고, 많이 배웠다고 했다.

> "20대, 30대 때는 몰랐는데 40대, 50대 되다 보니까 서로 끈끈한 정 같은 게 있더라고요. …… 와이퍼 와서 성격 되게 많이 바뀌었어요. 저 말도 못하고 낯도 많이 가리고 그랬거든요. 근데 여기 와가지고 언니들하고 부대끼고 그러다 보니까, 또 갈구는 사람들이 없었으니까, 서로 이해해주고 챙겨주고 그런 데서 여성들의 힘이 있었던 것 같아요. 먹을 것도 많이 가져오고 해서, 우리 투쟁하면서도 서로 잘 챙겼거든요. 그런 따뜻함을 보고 배우게 되더라고요."

늘 밝고 환한 그였기 때문에 3.15 때 받은 상처는 왠지 더 크고 깊었을 것 같았다. 그 기억을 들려달라 했을 때 그의 얼굴은 단번에 어두워졌다. 그는 2023년 3월 15일 새벽, 간부 채팅방에 메시지가 올라왔던 일부터 이야기했다. 경찰이 쫙 깔렸다는 말을 듣고 김경숙도 바로 현장으로 달려갔다. 처음엔 공장 건물 안에 머물렀는데, 경찰과의 대치 상황이 격해졌다는 소식을 듣고는 마당으로 뛰쳐나갔다. 나중에는 뒤늦게 합류한 여경들에게 사지가 들려 나갔다. 그는 많이 울었다고 했다. 그러면서도 공장 안에 있을 때 용역들과의 대화는 어땠는지를 묻자, 금세 다시 표정을 펴고 말했다.

"커피도 줬어요. 저도 있었어요. 저희가 커피 타드릴까요? 하고 물었거든요. 심심한데, 입도 까실한데 커피 한 잔 드릴까요? 하면서. 네 명인가 세 명인가 왔거든요. 용역들도 사람이잖아요. 같은 사람이잖아요, 사람이니까."

이야기를 들으면서 김경숙이 겉으로는 말랑말랑해 보여도 내면이 강한 사람이라 느꼈다. 앞에 있는 누구라도 "같은 사람"이라고 하면서 품을 수 있는 사람은, 결코 약하지 않은 사람일 테니까. 용역 기사들에게 커피를 대접하고 말을 거는 일은 어쩌면 김경숙에게는 그리 낯설지 않은 행동이었을지 모르겠다는 생각도 들었다. 자신의 불편보다 상대의 불편을 늘 먼저 생각해온 너른 품의 시간이 이런 그를 있게 했겠구나 싶었다. 공장에서, 집에서, 그 사이 어딘가에서 그는 늘 이와 비슷한 태도를 유지해온 듯했다. 언니들에게 배웠다고 그는 말했지만, 그에게서 배운 이도 많을 것이다.

김경숙은 분회의 율동패 활동도 열심히 했다. 그게 정말 즐거웠다고 말했다. 율동패를 한 덕분에 일본 3차 원정에도 함께했는데, 최윤미 분회장이 삭발을 하기 직전, 토요타 본사 앞에서 율동패가 신나게 노래를 틀고 율동 공연을 했다. 그걸 가만히 서서 한참 동안 바라보는 사람, 박수를 치는 사람, 율동을 따라 하는 사람이 골고루 있었다. 교복 입은 학생이 율동을 따라 한 기억이 특히 잊히지 않았다.

그러고 나서 바로 삭발식이 있었다. 그 자리에 있던 이들이 다 같이 내내 눈물을 흘렸는데, 미용 기술이 있었던 신미향 부분회장이 최윤미의 머리를 밀면서 특히 많이 힘들어했다. 김경숙은 그 시간에 대한 이야기를 무척 마음 아파하며 들려주었다.

"안 하고 싶은데 또 최윤미가 맡기니 다시 이발기 잡으면서 울고 그랬어요. 속상하고 그러니까 울면서 했던 것 같아요. 미향 언니가 좀 힘들면 손톱을 막 물어뜯거든요. 그날도 자주 그랬어요."

주위의 여러 사람을 걱정하는 그라서, 그의 현재는 어떨지 궁금했다. 마음이 쓰였다. 김경숙은 담담히 자신의 상황을 이야기해주었다. 그는 투쟁이 끝나고 8개월 동안 실업급여를 받으며 재충전의 시간을 가졌다. 실업급여 기간이 끝나기 2~3주 전부터는 구직활동을 시작했다. 워크넷과 사람인에 이력서를 냈고, 간간이 연락이 왔다. 한 곳에 면접을 보러 갔는데 환경이 너무 안 좋았다. "이런 데도 있구나" 하는 말이 절로 나왔다. 일이 힘들어서였겠지만 일하는 사람들이 모두 무표정인 것도 마음이 쓰였다. 오라고 했지만, 가고 싶지 않았다.

안산 올림픽기념관 취업박람회에서는 다른 일을 겪었다. 이력서에 가족관계를 적는 칸이 있어서, 남편은 직장 다니고 아들은 아르바이트 한다고 적었다. 면접관이 물었다.

"굳이 돈을 벌어야 돼요? 우리는 진짜로 돈 버는 사람만 뽑아요."

다른 돈 버는 가족이 있으면 여자는 일할 필요가 없다는 뜻이었다. 50대 여성 노동자에게 던져지는 질문은 그런 것이었다. 김경숙은 19년을 한국와이퍼에서 일했는데도 노동시장에서는 '굳이 돈을 벌 필요가 없는 사람'이 되어 있었다.

결국 작은 회사에 취직했다. 반월공단 끝에 있는 핸드폰 진동 모터 회사인데, 주로 이어폰 망사 만드는 걸 했다. 사업장 전체 인원이 여덟 명이고 실제 노동자는 일곱 명인 회사였다. 김경숙은 물품을 검수하고 포장하는 일을 맡았다. 냉방 시설이 부실해서 여름이 가장 힘들고, 휴게 공간 또한 없어서 제대로 쉬기가 어렵다. 한국와이퍼도 휴게 공간이 없긴 했지만, 그래도 노조를 만들고 나서는 나아졌었다. 지금의 직장에는 노조가 없다. 여덟 명뿐인 사업장에서 노조를 만든다는 것은 상상도 할 수 없는 일이다.

그래서 김경숙은 뚜벅이재단이 더 소중하다고 했다. 한 달에 한 번 조합원 모임을 하는데, 언니들을 만나고, 각자 어떤 게 힘들었는지 얘기하면서 한 달 동안의 근황을 나누고 일상을 나누는 게 그렇게 좋을 수 없다고 했다.

"그러니까 여기 오면 사람들 만나고 되게 좋아요. …… 옛날 생각이 많이 나요. 투쟁하러 다니고 율동 공연하고. 그때 그렇게 투쟁 안 했으면, 그런 경험이 없었으면 평생 진짜 그런 경험을 못 해봤을 거라 생각해요. 진짜 잘했다고 생각해요. 힘들었지만 즐겁게 싸웠으니까, 후회 없을 정도로 싸웠으니까, 그래도 나름 재밌었다고 생각해요."

투쟁을 통해 김경숙은 성장했다. 목소리를 내는 법을 배웠고 시야도 넓어졌다. 노동대학을 다니며 자본과 노동의 관계를 배웠다. 김경숙의 성장은 단지 개인의 성장이기만 한 것이 아니었다. 그건 집단의 성장이기도 했다. 받은 사랑을 잊지 않는 김경숙이 환한 얼굴로 연말정산을 대신 해주고, 투쟁 현장에 빠짐없이 나가고, 그들의 이야기를 귀 기울여 들어주는 동안, 조합원들도 함께 성장했을 거라고 믿는다. 그것이 또한 서로를 돌보는 문화를 만드는 데 적지 않은 힘을 더했을 거라고도 생각한다.

한국와이퍼분회 조직부장 신미향

신미향은 노조 설립과 함께 조직부장이 되었다. 노사위원회 때부터 밥심 모임에 함께하다가 소통위원을 하고, 그러다

얼결에 조직부장 역할도 맡게 됐다. 그는 설득을 잘하는 사람도, 말을 잘하는 사람도 아니었다. 처음부터 이에 대한 걱정을 안은 채로도, 할 사람이 없다고 하니 나선 것이었다. 한국와이퍼에 있으면서, 또 노조활동을 하는 동안 가장 힘든 점이 뭐였냐고 물었을 때도 그는 남 앞에서 말하는 게 제일 힘들었다고 답했다.

"노사위원 소통위로 활동을 하다가 노조를 2018년도에 만들었잖아요. 그때 내가 조직부장을 맡았거든요. 윤미가 조직부장을 하라고 할 때 고민을 많이 했죠. 이게 내가 할 일인가 싶어서. 앞에 나가서 말도 못 하는데 내가 맡아야 되나. …… 2020년도에 투쟁했을 때 다른 지회나 분회 가서 우리가 이렇다고 좀 도와달라고 얘기를 해야 할 상황인데, 그것도 힘들더라고요. 한번은 A4 용지에 써서 들고 갔어요. 보고 읽겠다 하고 갔는데도 까만 거는 글씨요, 흰 거는 종이요, 이렇더라고요. 말을 못 하겠는 거예요. 처음엔 좀 하다가 안 돼서 '우리 부분회장님이 설명해주시겠습니다' 하고 넘겨버렸어요. 그때는 정말 어디로 숨고 싶은 생각밖에 안 들었어요."

하지만 신미향은 빠지지 않는 걸 잘하는 사람이었다. 약속한 것을 지키려 애쓰는 걸 잘하는 사람이었다. 분회장인 최윤미가 하자고 하면, 그게 모두에게 도움이 되는 결정이고 행보라 느끼면, 그는 될 때까지 그 일을 먼저 '알고' 그것을 온전히 자기 일로 만들려고 했다. 그것이 자신의 일이란 걸 이해하고 그에 대한 오롯한 믿음이 생길 때까지 질문하고 공부했다. 말을 잘하는 사람이 따로 있다면 신미향은 일에 진심을 다하는 걸 잘하는 사람이었다. 마음이 가는 일이라면, 그것이 옳은 일이고 모두에게 좋은 일이라면, 그곳에 머리와 심장와 팔다리를 맨 먼저, 아낌없이 가져다두는 일에 능한 사람이었다. 3박 4일의 도보행진 때도 그랬다.

"왜냐하면 뭐든지 해야지 지금 이슈가 되기 때문에 무조건 해야 된다고 그랬어요. 저는 다 걸었죠. 맨 앞에서 걸었어요."

대단한 걸 했다는 어조가 아니었다. 자신이 할 수 있는 것을 힘닿는 데까지 한다는 말을 그는 그저 툭툭 던지듯 말했다. 다른 이야기를 들려줄 때도 비슷한 톤이었다.

노조가 만들어진 뒤에도 그는 사무처의 일꾼이 아니었기 때문에, 생산직 노동과 노조 간부 일을 병행해야 했다. 오전에는 생산라인에서 일을 하고, 오후에는 교섭에 들어가는 경우가 종종 있었다. 그의 빈자리는 동료들의 노동으로 메워졌다. 그게 미안해서 계속 설명을 했다. 교섭이라는 건 조금만 길게 보면 정말 필요하고 중요한 일이다, 우리 모두의 처우를 개선하고 노동조건과 작업환경을 나아지게 하는 거다, 라고. 처음에는 싫어하던 동료들도 나중에는 "오늘은 오전에 가, 오후에 가?" 하면서 먼저 물어왔다. 그런 부드러운 설득의 시간을 내내 감내해왔다는 게 대단해 보였다. 그런데 신미향은 그것이 스스로를 많이 다그친 결과라고 이야기했다.

"노력을 많이 했어요. 제가 원래 부드러운 사람이 아니에요. 많이 바뀐 거예요. 노조활동하면서 바뀐 게 그거 같아요. 제가 투명하게 말을 하는 편인데, 노조활동하면서 말을 함부로 하면 안 되겠다는 생각도 많이 했고, 또 상대방을 좀 설득하려고 그러면 부드럽게 얘기를 해야 이 사람도 부드럽게 나오지, 내가 강하게 나가는데 저 사람이 어떻게 부드럽게 나가겠냐 하는 생각을 해서 많이 바뀐 거예요."

상상이 잘 되지 않았지만, 신미향의 옛날은 어땠을지를 그려보았다. 그에게도 물었다. 한국와이퍼의 시간은 어떻게 시작되었고, 책임을 맡게 된 건 어떤 연유에서였냐고.

신미향은 2009년에 한국와이퍼에 들어왔다. 당시 현대차와 기아차 노조가 파업이 한창인 때여서 하청업체도 영향을 받았다. 잔업이 많지 않았다. 비정규직인 신미향에게는 당연히 잔업이 안 갔다. 한 달 일하면 손에 쥐는 것이 80만 원밖에 안 됐다. 신미향은 자녀를 혼자 키우고 있어 그것으로는 생활이 빠듯했다. 그만두려는 마음을 먹었는데 옆 동료가 조금만 더 버텨보라는 말을 해줬다. 그 덕분에 6개월 만에 정규직이 됐다. 오래 다닐 수 있을지에 대해서는 확신이 없었다. 그런 그에게 먼저 말을 걸어준 사람이 최윤미였다.

통근버스가 없던 시절, 그리고 신미향이 정규직이 되기도 전부터, 최윤미는 신미향을 차에 태워 출근했다. 같은 동네에 산다는 이유였다. 여름에도, 겨울에도 그 차는 멈추지 않았다. 차를 함께 타고 다니면서 많이 친해졌다. 최윤미가 먼저 베푼 호의는 '관계'로 나아갔다. 최윤미가 밥심 모임에 들어오라고, 노사위원을 해보라고 했을 때, 신미향은 거절하지 못했다. 관계에 대한 응답이었다. 그것이 나중에는 분회에 대한 책임으로, 또 애정으로 발전했다.

이 태도는 이후의 투쟁에서도 그대로 이어졌는데, 그는 특히 3.15에 대한 경험을 길게 들려주었다.

"거기서 다치기도 하고 한 사람은 또 다쳐서 응급실에 실려 가기도 하고 연행된 사람도 있고 그랬죠. 공장 물건이 못 나 가게 잡고 있는데 여성 경찰들이 우리 사지를 하나씩 하나 씩 들고 가더라고요. 저도 그렇게 끌려나갔죠. 밖에다 그렇 게 내팽개치는 거예요. 다 울고불고 난리가 났죠. …… 다시 들어가야 하는데 못 들어가게, 딱 바리케이드 쳐놓고 못 들 어가게 해버려요. 가고 싶어도 못 가는 거예요. 보고 있는데 막 분하니까 조합원들이 울기도 하고. 쳐다보고 있어야 하는 게 너무 허무하니까. 우리 사업장인데 왜 우리가 여기서 쳐다보고만 있어야 하는 거지? 왜 들려 나와야 하는 거지? 그런 생각을 되게 많이 했던 것 같아요."

이야기를 들으며, 영상으로 보았던 그날의 장면이 다시금 생생히 그려졌다. 감히 그 심경을 온전히 헤아릴 수가 없었다. 이런 상처의 시간이 있었음에도, 이 경험은 신미향을 주저앉히지 않았다. 오히려 그를 더 단단하게 만들었다. 신미향은 이후 경찰서 앞 집회에도 나갔다. 소리를 질렀고 구호를 외쳤다. 이 변화가 자신도 낯설었다고 신미향은 말했다.

"우울함은 있었어요. 근데 더 힘을 냈죠. 그냥, 여기서 물러나면 안 될 것 같아서. …… 같이했다는 게 의지가 되고, 그래도 우리는 아직 계속 가야 된다는 그 생각도 했고요. 같이 3.15를 겪고 나니까 좀 더 끈끈해졌다고 그래야 하나. 나는 그런 느낌이에요. 남들은 어떤지 모르겠지만요."

신미향은 자신의 감정을 부정하지 않되, 그 감정에 매몰되지 않았다. 우울하다고 말하면서도, 다음 날 다시 가야 할 곳으로, 자신이 있어야 할 곳으로 나아갔다. "같이했다는" 감각에 기대어 그 뒤에도 변함없이, 같이 있어야 할 곳으로 갔다. 신미향은 어느 날 갑자기 싸우는 사람이 된 것이 아니라,

관계를 끊지 않으려는 선택을 반복하다 여기까지 온 것이겠다 싶었다. 그리고 이 반복이 그의 투쟁과 한국와이퍼분회의 투쟁을 지탱한 것이 아닐까 싶었다.

신미향의 걸음이 조금씩 더 나아온 데에는 공장 바깥의 시간 또한 무시할 수 없다. 그는 일과 활동과 살림 사이에 어떻게든 틈을 내어 노동대학에 다녔다. 아직 졸업도 하지 못했지만, 그는 이 시간이 꼭 필요했고 소중한 시간이었다고 이야기했다. 그는 좋은이웃의 이웃 주거환경 개선 동아리인 '따숲네'에서도 오래 봉사활동을 했고 현재는 회장을 맡고 있기도 하다.

다만 그의 현재 일터는 만족스럽지 못하다. 2024년 4월에 입사한 곳인데, 자동차 뒷좌석에 들어가는 부품을 만드는 제조업체다. 정직원이 20명이 안 되고 나머지는 다 계약직이다. 3개월 단위 계약 형태라고 했다. 에어컨 대신 선풍기만 있다. 손으로 하는 힘들고 복잡한 일은 대부분 여성들이 하고 남성들은 거의 관리자 자리에 있거나 지게차를 몬다. 신미향은 이를 한탄하면서도, 이 구조를 바꾸기엔 당장 엄두도 나지 않고 그럴 조건도 안 된다고 했다. 그러니 이런 작은 사업장의 노동자들에게 꼭 필요한 것이 뚜벅이재단일 것이라 했다. 재단 운영을 맡아준 최윤미와 정민규가 고맙다고 했다.

"처음 24억을 가지고 출발했는데, 재정사업에 대한 고민도

해야 하잖아요. 그 돈으로 또 조합원들한테 좀 혜택이 가게
끔 고민도 해야 하고. 최저임금 받고 있는 노동자들을 좀 끌
어들일 수 있도록 복합적으로 고민을 많이 해야 하는데, 그
걸 두 분이 먼저 해주시니 얼마나 감사한 일이에요. 다른 간
부들도 그렇게 생각을 하고 있는지 모르는데 저는 그렇게
되더라고요. 저는 너무 고마워요.”

한국와이퍼분회 조합원 안순옥

안순옥은 소통위원회에도 속해 있지 않았고 노조 출범 이
후 정해진 역할을 맡은 것도 아니었다. 그는 한국와이퍼의 노
동자였고 분회의 평범한 조합원으로 내내 남아 있었다. 하지
만 그는 회의에 참석하거나 집회 현장에 함께하거나 점거 현
장 지킴이를 하는 데 줄곧 열심이었다. 회사가 없어질 수도 있
다는 말을 듣고 가만있을 수가 없었다고 했다.

“회사가 문을 닫는다고 하니까 열심히 했죠. 그전부터 노사
협의회 회의 같은 것도 하고. 회사가 없어진다 하니까 그때
부터 적극적으로 나서서 막 했죠. 우리 일자리가 없어진다
니까요. 다 거기서 먹고살았는데. 우리가 평생 여기서 애들
키우고 먹고 다 살았잖아요. 우리의 모든 것이잖아요. 그리

고 우리 입사할 때 정년퇴직 때까지 다닐 수 있다 그래서 들어온 거거든요. 그런데 갑자기 문을 닫는다 하니……”

안순옥 역시 한국와이퍼에서 22년이라는 긴 시간 동안 일해왔고, 자녀들을 혼자 키웠다. 그런 그에게 한국와이퍼는 생계의 유일한 방편이자 삶을 지탱하는 “모든 것”이었다. 하지만 비슷한 조건 속에서도, 더러는 다른 살길을 찾아 떠나는 이도 있었다. 가령 회사가 어수선하고 물량이 눈에 띄게 줄었을 때, 그리고 조기퇴직 신청을 받았을 때 말이다. 안순옥은 그러지 않았다. 어떤 힘 때문이었을까. 어떤 힘과 믿음으로 안순옥은 이곳에 끝까지 함께일 수 있었을까.

“우리 분회장님이 이끄는 대로, 하자는 대로 그냥 뒤에서 최대한 막 밀어줬지. 분회장님을 많이 믿었죠. 우리 회사에 들어와서 노사협의회 노측 대표 될 때부터 남다르구나 하고, 우리가 할 수 있겠구나 했어요. 통상임금 소송도 법적으로 이겼잖아요. …… 근데 문 못 닫게는 안 될 것 같더라고요. 다른 방식으로 이길 거라 생각했죠. 분회장님을 많이 믿고 따랐으니까요. 어디서 저런 사람이 우리 회사에 들어왔는지, 참 잘 들어왔다고 그랬어요.”

안순옥은 ‘믿었다’는 말을 여러 번 반복했다. “문 못 닫게는 안 될 것 같"았는데도 여전히 믿고 현장에 함께했다. 자신의 모든 것이었던 회사가 조만간 문을 닫을 수 있다는 걸 알았고, 투쟁의 결과 또한 좋지 않을 수 있음을 짐작했는데도 곁에 선 것이었다. 그에게 믿는다는 것은 아무 생각 없이 따르는 태도가 아니었다. 어려움을 함께 감당하고, 누군가의 곁에 서서 함께 책임지겠다는 축에 가까워 보였다.

모든 조합원이 안순옥처럼 열심히 투쟁활동에 참여하지는 않았다. 간부가 아닌데도 안순옥처럼 열심히 한 경우가 오히려 드물다고 하는 편이 맞겠다. 그게 억울하거나 속상하지는 않았는지 물었다.

"그래도 그냥 사정이 있어서 안 나오겠지, 그런 생각을 했어요. 나름대로 가정사도 있고 할 테니까…… 그분들 중에도 이번에는 안 나오면 다음에는 또 나오고 그러더라고요. 너무 안 나오고 그러면 마음이 안 좋긴 했는데, 애들이 어리고 가정이 있으니까 또 벌어야 되잖아요. 남자들 같은 경우는 더 그러니까. 안 나오다가도 다시 와서 한 번씩 또 지킴이하고 그러니까…… 서로가 서로를 믿어야죠."

이번에도 '믿어야 한다'는 이야기였다. 기다리면 온다고도 했고. 그의 마음에 숙연해졌다. 그는 한국와이퍼 투쟁을 하면서 배운 것이 많았다. 특히 공장점거로 지킴이를 할 때 외부 사람들이 밤 시간을 함께해준 게 그렇게 고마울 수가 없었다. 이 투쟁을 하지 않았다면, 노조를 하지 않았다면 연대라는 걸 전혀 모르고 살았을 거라고 말했다.

지금도 여전히 맥을 이어가고 있는 한국와이퍼분회와 새롭게 만들어진 뚜벅이재단의 존재에도 그는 고마워했다. 최근에 그가 멍하니 벚꽃을 보다가 계단에서 넘어져 다치는 일이 있었는데, 분회 노조에서 치료비를 지원해줬다. 또 한번은 일용직 일을 하고 임금을 받지 못했을 때, 재단 덕분에 일이 금방 해결됐다.

"고용노동부에 신고한다고 얘기하라고 그러더라고요. 그래서 그렇게 했더니 바로 돈을 주더라고요. 많이도 안 했어요. 한 5시간인가 했는데. …… 그리고 재단이 있으니까 한 번씩 조합원들이 만날 수가 있잖아요. 지금도 그래서 뭐 한다 하면 다 모이고. 너무 좋아요."

마지막 말에서 그의 얼굴이 활짝 폈다. 그에게 가장 중요한 것은 제도에 앞서, 다시 만날 수 있는 자리였다. 다시 서로를 이어주는 끈이었다. 기댈 공간이었다.

안순옥은 지금 한 오피스텔의 비정규직 청소 노동자로 일하고 있다. 사업장은 작고, 함께 일하는 사람 수도 지극히 소수다.

"계약직이라, 이런 데는 힘이 없어요. 그리고 청소 일을 하니까 사람도 몇 명 없고."

그는 지금의 조건을 이렇게 짧은 말로 설명했다. 노조를 만들거나 집단적으로 문제를 제기하기가 어려운 환경이라는 뜻이었다. 공장에서 수백 명이 함께 일하던 시절과는 전혀 다른 조건이었다. 안순옥은 이 차이를 그저 담담히 전했다. 그리고 덧붙였다. "나이 들어서 청소가 최고 좋은 것 같아요. …… 일 나가면 또 수다 많이 떨잖아. 그런 재미도 있어요."

안순옥으로부터 나오는 온기 어린 낙관의 힘이 좋았다. 그러면서도 한편으로는 이처럼 목소리 내기 어렵고, 노조를 만들 수 있는 최소한의 조건도 갖춰지지 않은 작은 사업장에서, 모두가 비정규직의 몸으로 흩어져 있어야 하는 현실이 안타까웠다. 재단 역시 이 부분에 마음을 쓴다. 한 달에 한 번 모임 갖는 일을 넘어, 앞으로 무엇이 더 필요할지, 무엇을 더 만들어나가야 할지를 고민하고 있다.

이것이 재단만의 고민이 되어서는 안 될 것이다. 사회 전체가 함께 고민해야 한다. 어떻게 이들이 더 나은 환경에서 일하도록 만들 수 있을지를. 이를 위해 이들이 목소리를 모아 싸울 수 있도록 만드는 조건은 무엇일지를. 사회는 어떤 방식으로, 어떤 조력과 지지와 제도로써 이에 응답할 수 있을지를.

 묵묵히 나아가기:
정민규, 임진호, 최만복의 시간

한국와이퍼분회 수석부분회장 정민규

2013년 어느 날, 정민규는 빈털터리로 안산에 왔다. 친구와 함께 하던 사업이 망하고, 스물아홉 살의 나이에 용역 사무실을 찾았다. 그렇게 "어디 팔려가듯" 한국와이퍼로 오게 됐다. 스물아홉에 처음 다니게 된 직장이었다. 당시의 계획은 이랬다. 5년 안에 1억을 모으고 공장을 빠져나와 다시 뭔가를 해보자. 한국와이퍼는 마음을 붙이고 오래 머무를 곳이 아니라, 다음의 삶을 설계하기 위한 잠깐의 수단 정도였다.

"들려오는 편견이었던 거죠. 공장은 아무래도 안 좋으니까, 다른 거 더 해보고 정 안 됐을 때 공장 들어가도 되니까, 지금은 가지 말라고 말리는 사람들도 되게 많았거든요."

주변의 이야기가 신경 쓰였다. 어서 돈만 벌고 나가자 생각했다. 함께 안산으로 왔던 친구와도 약속했다. 사람 사귀지 말자. 일만 하자. 감정 섞지 말자. 그렇게 들어간 공장에서, 그는 예상과 다른 풍경을 마주했다.

"들어왔는데 너무 좋은 거예요. 일단은 사람을 잘 만난 거죠. 되게 잘해주셨어요. 이미 노사협의회가 활발해졌을 때 제가 들어왔거든요. 저는 아무것도 모르는 상태로 들어갔어요. 이미 동료애가 있었던 분들이 있었죠. 그때 제게 일을 가르쳐준 사수가 지금의 부분회장님(신미향)이거든요. 되게 잘해주시고 챙겨주셔서 쉽게 적응할 수 있었어요. 그래서 이 정도면 눌러앉아도 되겠네, 하는 생각을 한 거죠."

현장은 그가 상상하던 공간과 조금 달랐다. 맑은 얼굴로 아침 일찍 출근해 저녁 늦게까지 일하고, 잔업과 휴일 근무를 마다하지 않는 사람들이 있었다. 하나같이 건실하고 책임감이 강한 사람들이었다. 공장이라는 곳이 자신이 짐작한 것보다 단단한 사람들이 모여 있는 곳일지도 모른다는 생각을 했다. 그 뒤로 정민규는 정규직 전환을 선택했다.

사람을 사귀지 않겠다는 약속도 금세 깨졌다. 정민규는 원래 남이 힘들어하는 걸 그냥 지나치지 못하는 성향 때문에 손해를 많이 입곤 했다. 그래서 다시는 그러지 말자고 마음먹었다. 친구와 했던 약속도 그 연장선에 있었다. 그런데 한국와이퍼에서 사람 좋은 이들을 우르르 만나게 돼버린 것이다.

노동조합이 생기면서 2공장 야간조가 없어졌고, 정민규는 주간으로 가게 됐다. 2공장에는 남자가 거의 없었다. 게다가 정민규는 그곳에서 가장 어린 축에 속했다. "대의원은 네가해"라는 말이 떨어졌고, 정민규는 그렇게 대의원이 됐다. 특별한 부담도, 사명감도 없었다. 임기도 1년이었고, 다들 돌아가면서 하는 일이라고 들었다. 그 정도는 할 수 있을 것 같았다. 그 자리에 누군가는 있어야 했으니까 그냥 했다.

그 선택은 이후의 시간을 바꾸어놓았다. 대의원을 지낸이후에는 교선부장, 수석부분회장, 그리고 지금의 분회장까지맡게 됐다. 누군가는 해야 하고 그걸 할 사람이 없다면 내가할 수도 있겠다는 무던함의 실천이 이끈 길이었다. 그 뒤로는맡겨진 자리에서 지켜야 할 것을 지키고, 해야 할 일들을 묵묵히 해나갔다.

투쟁이 본격화되면서도 정민규가 자주 서 있던 자리는 주로 유난히 시리고 휑한 곳이었다. 안산 육교 위의 아침 선전전, 덴소 화성공장 앞, 창원 덴소 본사에 세워진 천막 속. 그는그 일들을 특별한 헌신으로 말하지 않았다. 누군가는 가야 했고 모두가 역할을 하나씩 맡기 때문에 자신 역시 자연스럽게그 역할을 맡은 것이었다고 했다.

정민규의 역할은 지키는 역할이자 기다리는 역할이 아니

었을까 싶다. 앞에서 방향을 정하는 사람이 있고 그걸 설득하고 조직하는 사람이 있다면, 정민규는 빈자리가 비어 있지 않도록 내내 그곳에 '있는' 사람이었던 것 같다. 그 역할은 눈에 잘 띄지 않지만, 빠지면 바로 구멍이 뚫리는 역할이었다.

이 시간들을 지나면서, 그는 사람을 보는 기준이 바뀌었다고 말했다. 말보다 먼저 몸을 내놓는 사람들, 반복되는 자리에 계속 나오는 사람들이 눈에 보였다. 그런 모습을 보며, 사람을 완전히 믿을 수는 없어도 함께 가볼 수는 있겠다고 생각하게 되었다.

물론 그 역시 힘이 빠질 때가 있었다. 위로금과 사회적 고용기금에 대한 논의가 막 시작되었을 때, 몇몇 조합원들은 그 규모와 이상에 대해 저마다 다른 그림을 그리고 있었는데, 그 개인적이고도 복잡한 속내를 대부분 그에게 다 털어놓았다. 정민규는 그걸 혼자 품고 삭였던 시간이 적지 않게 부대꼈다고 했다. 그럼에도 그는 뚜벅이재단의 사무국장이자 한국와이퍼분회의 분회장으로서 이곳에 끝까지 남아 지키는 이유를 '사람이 좋아서'라 이야기했다.

"분회가 전에 어떻게 활동해서 만들어졌는지는 잘 몰라요. 근데 엄청나게 고생했다는 건 알 것 같아요. 제가 분회장을 맡은 건, 그렇게 고생해서 만들어놨는데 그래도 누군가는 남아 있어야 하지 않겠냐는 생각을 했기 때문이에요. 쉽게 없어지는 건 저도 바라지 않고요. 정확히 말하면, 저는 그냥 사람에 대한 애정이에요. 사람들이 싫다면 있을 이유가 없었겠죠. 사람들이 좋으니까 있는 거죠. 분회에 대한 애정이라기보다는……"

뚜벅이재단이 앞으로 어떤 역할을 해야 할지, 어떤 방향으로 가야 할지에 대한 고민을 말할 때, 사람에 대한 정민규의 애정은 더 짙게 드러났다.

그는 요즘 재단에 계속 나오는 사람들을 떠올리며, 처음 가졌던 기대에서 조금 달라진 마음의 방향에 대해 이야기했다. 처음에는, 남아 있는 조합원들이라도 안정적으로 재취업을 했으면 좋겠다는 마음이 컸다. 하지만 시간이 지나면서 그 바람을 이루기가 현실적으로 쉽지 않다는 사실이 분명해졌다. 나이와 조건, 지역의 일자리 상황까지 겹쳐서 보니, '안정적인 재취업'이라는 말 자체가 조금은 허황된 것이라는 걸 알게 됐다.

대신 그가 새롭게 보게 된 것은 사람들이 이 자리에 오는 이유였다. 한 달에 한 번, 혹은 그보다 조금 더 자주 이곳에 오는 사람들. 특별한 안건이 있어서라기보다 올 수 있다는 사실 자체가 이들에게 중요해 보였다. 그것이 이들 삶의 일부가 되어가고 있다는 느낌이 들었다. 그래서 이 반복이야말로 지금 여기의 공동체가 유지되게 하는 결정적인 매개라고 생각했다.

"얘기 들어보면요, 이게 그냥 모임이 아니라 자기 삶 안으로 들어온 거예요. 한 달에 한 번쯤은 다 같이 모일 수 있구나, 이런 감각. 힘든 분들이 많죠. 왔을 때 말을 들어줄 사람이 필요하더라고요."

그가 보기에, 이 공간은 밖에서는 쉽게 말할 수 없는 이야기를 편히 꺼낼 수 있는 거의 유일한 곳에 가까웠다. 해고 이후의 불안, 재취업 과정에서의 좌절, 예전처럼 몸이 따라주지 않는다는 감각. 오랜 친구나 지금 일터의 동료들에게는 공감 받기 어려운 이야기를, 여기서는 굳이 설명하지 않아도 알아듣는 사람들이 있었다. 그래서 그는 이 공간에 대해 "결국 재단이 만들었다기보다, 참여하시는 분들이 다 만든 것"이라고 말했다.

정민규가 그리는 재단의 역할은 그래서 매우 조심스러웠다. 당장 무엇을 크게 지원해줄 수 있다면 가장 좋겠지만 현실은 그렇지 않았다. 그렇기에 대신 이곳이 지역 안에서 사람들이 다시 연결될 수 있는 열린 장이 되었으면 좋겠다고 했다. 지금은 한국와이퍼 조합원들이 주로 오지만, 언젠가는 지역의 다른 노동자들도 와서 서로 이야기를 나눌 수 있는 공간이 되었으면 한다고.

그는 이 생각이 노조활동을 하면서 이미 시작된 것이라 했다. 노조 안에서는 겉으로 드러나는 조직력이 중요했고, 집회마다 몇 명이 왔는지가 중요해지곤 했다. 그럴 수밖에 없는 상황이 많기도 했다. 그럼에도, 잠시 이탈한 사람을 따로 살뜰히 챙기는 자리를 만들지 못한 것은 아쉬움으로 남았다.

"노조 하면서 보면, 결합이 안 되는 분들에 대한 염려는 사실 거의 안 하게 되거든요. 눈앞의 투쟁은 엄청 멋있죠. 근데 쉬고 있는 사람, 지쳐 있는 사람을 옆에서 계속 잡아줄 수 있는 사람도 필요해요. 노조는 그걸 잘 못한다고 느꼈어요."

그래서 그는 재단이 그런 역할을 해볼 수 있으면 좋겠다고 말했다. 지금은 활동을 하지 않는다고 말하는 사람들, 스스로를 "이제는 빠진 사람"이라고 부르는 사람들조차 현장에서 불의를 마주하면 그냥 지나치지 못한다는 이야기를 하면서, 정민규의 목소리는 더 밝아졌다. 예전 같으면 모르는 척 넘어갔을 일에 대해 이제는 그냥 넘기지 않는 사람들이 늘어났다고 했다.

"지금 누나들도 50대 중반이에요. 본인들은 이제 활동 안 한다고 막 얘기하는데요. 그런데도 현장에서 뭐 이상한 일, 부당한 일 있으면 꼭 전화해서 물어봐요. 이런 사람들이 많아지면 현장은 자연스럽게 바뀌는 게 아닐까 싶어요."

그가 그리는 재단은 지쳐 있던 누군가가 다시 활동할 수 있도록, 혹은 너무 멀어지지는 않도록 그 곁을 지키고 남아 있는 자리였다. 그는 그 느슨한 연결이야말로 재단이 앞으로도 계속 남을 수 있는 방식일지 모른다고 생각했다.

한국와이퍼분회 사무부장 임진호

임진호는 자신을 소개할 때 '단위'라는 말을 여러 번 썼다. 한 개인으로서의 이야기보다 자신이 어디에 속해 있었는지, 어떤 자리에 서 있었는지부터 정리하는 사람이라는 걸 알 수 있었다. 그의 이야기를 듣는 동안 뜬금없게도 나는 어느 날 최윤미가 마음에 담아두고 있다며 스치듯 들려준 법정 스님의 문구 하나를 떠올렸다. "한 사람은 모두를 위해, 모두는 한 사람을 위해." 임진호의 얼굴이 여기에 겹쳐졌다.

임진호는 현재 금속노조 경기지부 부지부장을 맡고 있다. 투쟁 당시에는 한국와이퍼분회 사무부장이었다. 그는 2013년에 한국와이퍼에 입사했다. 프레스 공정으로 일을 시작했다. 새 철판을 자르는 공정이었다. 2018년 분회가 결성될 무렵 그는 산재로 1년 반 동안 현장을 비웠고, 치료를 마친 뒤 2019년에 복귀하며 노조활동을 시작했다. 처음에는 일반 조합원이었는데, 2020년 들어 투쟁이 본격화되면서 구역 대의원을 맡게 됐다. 2021년에는 회계감사로 일했고, 2022년에 이르러선 분회의 사무부장 자리를 책임졌다.

임진호는 최근 경기지부 부지부장까지 맡게 된 이야기도 들려주었는데, 그것을 '받은 연대를 갚는 일'로 여기고 있었다.

"지회에서 누군가 나왔으면 좋겠다는 말이 돌았고, 시흥안산 지역지회 안에 한국와이퍼분회가 부지부장의 한 사람을 냈으면 좋겠다 하는 과정이 있었어요. 제가 물망에 오르게 됐고요. 지난 투쟁의 과정 속에서 지부나 지역지회에서 우리 한국와이퍼분회가 연대를 많이 받았으니, 저도 가서 거기서 활동을 해야겠다고 생각해서 나가기도 했고요."

한국와이퍼에 재직하면서 노조활동을 했던 이들이 대부분 그랬다. 도움받고 연대받은 기억을 머리와 가슴과 몸으로 다 기억하고 있었다. 기억한다는 건 표현하거나 갚을 준비를 한다는 뜻이기도 했다. 기회가 있다면 빠르게 뛰어들겠다는 의미였다. 임진호 역시 그랬다.

조용조용한 말투만큼이나 그는 자신의 역할에 대해서도 부풀리는 법이 없었다. 늘 '같이' 진행을 해나갔다고 했고, 도움을 받은 '덕분에' 할 수 있었다는 식으로 말했다. 한국와이퍼분회의 사무부장으로서 당시 그가 잘 드러나지 않는 수면 아래의 업무들을 도맡아왔을 것이라는 게 충분히 짐작된다. 하지만 그는 주로 일본 원정만을 중심에 두고서, 그 긴박했던 시간의 이야기를 세심하게 들려주었다.

임진호는 일본 원정 1·2·3차를 현지에서 함께 진행했고, 그보다 먼저 다녀온 '0차'에 가까운 일정까지 포함하면 일본에 총 네 번을 다녀왔다. 다른 단위들과 함께 일본 현지에서 원정 투쟁의 진행을 담당했던 그는 그 자리에 실제로 있었던 사람의 언어로, 자신이 본 것과 배운 것을 차근차근 꺼내 이야기해주었다.

한국와이퍼 투쟁이 길어지는 동안, 책임의 주체가 한국에 있지 않다는 사실이 점점 더 분명해졌다. 청산과 청산 방식에 대한 결정은 일본 덴소 본사에서 내려졌고, 한국에서 아무리 문제를 제기해도 그 결정은 흔들리지 않았다. 임진호는 그때를 "선택지가 점점 없어졌던 상황"으로 설명했다. 더 늦지 않게 일본으로 가야만 했다.

0차, 1차 원정은 탐색에 가까웠다. 누구를 만나야 하는지, 어떤 방식으로 말을 꺼내야 하는지부터 배워야 했다. 그 과정에서 오학수 박사와 가토 선생을 만났고, 일본의 활동가와 시민 연대자들을 만났다. 도쿄뿐 아니라 나고야에서도 사람들을 만났다. 오학수 박사는 일본의 노동운동 저변에 대해, 그리고 현재의 상황에 대해 틈틈이 교육해주었다. 도쿄에서 나고야까지 3~4시간 걸리는 거리를 자신의 차로 태워서 가기도 했다.

덴소 본사에 도착한 뒤에는 출입문을 막아서는 경비와의 소통에까지도 애를 많이 썼다. 자신이 가진 여러 종류의 서류를 내보이면서 회유와 설득의 말을 줄기차게 쏟아냈다. 본사 안으로의 진입에는 실패했지만, 임진호는 이 시도 자체를 경외하듯 숙연한 표정으로 이야기했다.

임진호는 또 한 사람을 언급했다. 가토 선생이었다. 가토는 통역이 필요하다는 말이 나오기도 전에 이미 현장에 와 있는 사람이었다. 현장에서 하는 가토의 통역 방식 또한 놀라운 것이었다. 조합원들이 나고야 시내 한복판에서 한국어로 짧게 이야기하면, 가토는 그것을 일본어로 훨씬 길게 풀어냈다. 말하지 못한 맥락과 보이지 않는 시간의 역사까지 함께 건네는 방식이었다. 그는 통역을 업으로 삼아 풍족한 삶을 꾸릴 수 있는 통역 전문가였지만, 현장 연대에 대부분의 시간을 썼고, 투쟁 중인 노동자들에게는 통역 비용도 거의 받지 않았다. 왕복 교통비 정도만 받고, 고마움의 뜻으로 건넨 돈도 개인적인 용도로 쓰지 않았다.

"일본에서 연대 동지 오실 때 다 사비 들여서 오시잖아요. 그러면 저희가 그분들 모든 교통비나 체류비를 다 댈 수는 없으니까, 가토 선생님이 저희가 드린 걸 모아놓고 계셨다가, 나중에 그런 활동을 하러 오시는 일본 연대 동지들을 위해서 그걸 사용하고 그러십니다."

국경 너머의 지극한 연대자는 이들뿐만이 아니었다. 임진호는 나고야역에서 있었던 한 선전전 장면을 들려주었다. 선전전이 한창이던 순간, 어디선가 낯익은 음악이 흘러나왔다. 한국와이퍼의 투쟁가 〈나와라 덴소〉였다. 분회 사람들은 놀란 듯 서로를 바라봤다. 음악의 출처는 이내 밝혀졌다. 일본의 노년 활동가 한 사람이 자신의 차에 앰프를 싣고 국도를 따라 밤새 달려온 것이었다. 임진호는 그 장면이 아직도 또렷하다고 했다.

나중에 알게 된 것은, 그 자리에 모인 일본 연대자들 대부분이 비슷한 조건에 놓여 있었다는 사실이었다. 이미 퇴직한 사람들이 많았고, 나이도 적지 않았으며, 경제적으로 넉넉하지도 않았다. 그런데도 그들은 사비를 쪼개 그 자리에 왔다.

"그때 배웠어요. 연대 갈 때 마음가짐이 어떤 건지. 그냥 도와주러 오는 게 아니라 자기 투쟁이라고 생각하고 오는 거구나. 그건 저만 그렇게 느낀 게 아니에요. 그 자리에 있었던 조합원들 다 아직도 그 얘기를 해요. 일본 연대 동지들이 이걸 얼마나 자기 일처럼 생각했는지. …… 한일 교류라고 그러잖아요. 그 당시 윤석열이 막 떠들고 다녔어요. 미래를 위해서 친해져야 한다고. 그런데 노동자들 간의 연대와 교류만이 바로 한일관계를 미래로 바꾸는 그런 게 아닌가 하는 생각도 들더라고요. 그러니까 저분들이 그렇게 진심으로 연대를 해주는 것을 보면서 일본사회에 대해서 저도 많이 열리게 되고 그랬던 생각도 나네요.”

이 과정이 모두 쉽기만 했던 것은 아니었다. 특히 3차 원정 때 있었던 삭발투쟁은 일본의 연대자들이 이해하기 어려운 방식이었다. 국제적 연대가 활성화되어 있는 도쿄와는 달리 나고야의 동지들에게 한국의 투쟁 방식들은 특히 낯설게 다가갔을 수밖에 없었다. 언어의 벽은 그 낯섦을 더 두텁게 만들었다. 모든 대화는 가토를 거쳐야 했고, 그 사이에는 늘 약간의 답답함이 남았다.

그러다 시간이 흐르면서 변화가 생겼다. 사람들이 어느 순간 함께 몸을 힘차게 움직였고, 어색한 리듬으로나마 구호를 따라 했다. 임진호는 일본 원정의 장면들을 떠올리며 “나중에는 함께 춤을 추듯이 그렇게 서로가 하나가 되는 것이 인상 깊었다”고 회상했다.

임진호는 4차 원정을 준비했던 과정도 들려주었다. 3차 원정에서 있었던 삭발식은, 바위처럼 무겁게 침묵하던 일본 덴소 측이 직접 나와 ‘제발 삭발만은 하지 말아달라’는 말을 할 만큼 성공적이었다. 그런데도 교섭은 열릴 듯 열리지 않았고, 결정은 미뤄졌다. 임진호는 그 시기를 “기다림의 시간”으로 기억한다. 하지만 그는 이 기간에도 움직이고 있었다. 모습을 잘 보이지 않는 조합원들에게 차례로 연락을 돌렸고, 휴가철을 고려해 현장 지킴이 조를 짰다. 누군가는 쉬어야 했고, 누군가는 남아야 했다. 그는 "휴가는 가시라고 하고, 현장은 돌아가면서 지키자"고 제안하고 이행하며 그 균형을 유지하려 했다.

그 과정에서 4차 원정 계획이 논의됐다. 실제로 떠나지는 않았지만, 떠날 수 있는 상태를 유지하고, 그 계획을 보여주는 것이 중요했다. 이미 여러 차례 일본에 다녀온 뒤였기에 준비하는 것만으로도 메시지가 될 수 있었다. 4차 원정단 발대식도 했다.

"교섭이 안 되면 다시 갈 수밖에 없다는 걸 서로 알고 있었고요. 이게 위협이라기보다는, 우리가 여기서 끝낼 사람들이 아니라는 걸 보여주는 거였던 것 같아요."

결국 4차 원정단이 뜨기 전에 중부지방고용노동청 안산지청에서 최종 교섭이 열렸고, 교섭의 시간은 일주일 가까이 이어졌다. 교섭이 길어질수록 지청 바깥에 모여드는 이들의 숫자는 늘고, 열기는 더 뜨거워졌다. 그렇게 교섭이 성공적으로 마무리되었다.

임진호는 한국와이퍼의 시간 속에서 투쟁의 흐름이 끊어지지 않도록 사이사이를 잇는 역할을 했다. 그리고 그는 여전히 노동운동의 현장에 남아 사람들 사이를 소리 나지 않게 오간다. 이미 받은 연대가 다시 흘러갈 수 있도록 매일 물길을 낸다. 그것은 "한 사람은 모두를 위해, 모두는 한 사람을 위해"
몸과 마음이 어떻게든 흐르도록 하려는 물길일 것이다.

한국와이퍼분회 사무장 최만복

최만복은 2011년 6월에 한국와이퍼 정규직이 되었다. 도
장반에서 일을 시작했고, 이후 프레스 공정으로 옮겼다. 일을
배웠고, 현장에 익숙해졌고, 회사가 요구하는 속도와 방식에
몸을 맞췄다. 그는 2017년과 2018년을 통과하면서 현장의 물
량이 줄어드는 게 피부로 느껴졌다고 했다. 그런데 마침 2018
년, 노조가 만들어졌다. 지방선거가 있는 날이었다. 임금인상
설명이 있을 거라고 했는데, 아주 많은 사람들이 공장으로 모
였다. 그는 그날의 장면을 비교적 또렷하게 기억하고 있었다.

"쉬는 날이었는데도 사람들이 거의 다 나왔죠. 노조 설립을
하자는 얘기가 있었고, 분회장, 수석, 사무부장까지 해서 간
부를 뽑자고 하니까 하겠다는 사람들이 쭉 나오더라고요. 이
미 다 정리가 돼 있었어요. 딱 나와서 인사하고 투표하고, 끝
나고 나갈 때는 '조합원 가입해야 하니까 서명하고 가라' 해
서, 그 자리에서 다 하고 나왔죠."

노조 설립하고 한두 달 후에 그는 노조 대의원으로 임명되어 활동했다. 2020년에는 노동안전보건부장을 맡았고, 2년 임기를 채우고 나서는 부분회장이 되었다. 부분회장을 맡은 뒤로 얼마 지나지 않아 3공장으로 이동을 하게 되었다.

3공장은 주물공장이었다. 주조 공정과 후처리 공정이 함께 돌아가는 곳이었다. 먼지가 많고 지저분한 데다, 위험하고 힘든 작업이 몰려 있었다. 한국와이퍼에는 1, 2, 3공장 총 세 곳이 있었는데, 물량 규모가 줄면서 2공장을 폐쇄하게 되었다. 그러면서 원래 외주화되어 있던 3공장에 1, 2공장의 정규직 일부를 배치해야 하는 상황이 되었다. 환경이 열악해 사람들이 가기 싫어하는 자리였다. 하지만 몇몇은 가야만 했고, 결국 가장 공평한 방식인 뽑기로 그곳에 갈 사람을 정했다. 운 나쁘게 뽑힌 몇 사람은 한탄과 원망을 쏟아냈다.

그곳에는 남자 직원 한 명도 꼭 필요했는데, 아무도 안 가겠다는 그 자리를 최만복이 가겠다고 자처했다. 사측에서 인력 재배치의 문제를 노조 측으로 넘겼고, 그걸 최만복이 끌어안은 것이었다. 최윤미도 이 일을 언급한 적이 있다. 최만복이 당시 나서준 일은 앞으로도 절대 잊을 수 없을 만큼 고맙고 귀한 것이었다고.

최만복은 당시를 회상하며, 이 문제를 해결하지 못하면 협상 테이블에서 불리할 수 있겠다 싶었다고 말했다. 현장을 책임지지 못한 상태로는 이후의 모든 요구가 힘을 잃을 수 있

다는 감각이었다. 그는 그 상황을 오래 고민하지 않았다고 했
다. 눈앞의 복잡한 계산보다, 그 자리가 비어 있을 때 생길 결
과를 먼저 떠올렸다고 했다.

“노조하고 회사하고의 협상 테이블에서 노조가 지면 안 되겠
다는 게 보였기 때문에 내가 3공장 가겠다 했어요. 누군가는
가야 하는 상황이었고, 그걸 피하면 나중에 더 큰 문제가 생
길 것 같았어요.”

그가 3공장으로 가겠다고 했을 때, 곧바로 반대가 나왔
다. 최만복이 원래 있던 프레스 공정 또한 인원이 부족했기에
관리직에서 오히려 강하게 말렸다. 부장이 직접 내려와 ‘당신
이 가면 어떻게 하냐’고 설득을 할 정도였다. 하지만 그 말고
는 3공장에 갈 사람이 없었다. 한 달이 넘는 다툼 끝에야 최만
복은 3공장으로 이동할 수 있었다.

3공장은 그가 익히 알던 현장과 달랐다. 일이 무척 까다
롭고 험하며, 쉴 새 없이 먼지가 날리는 후처리 공정이 그곳에
있었다. 보통 남자들이 하는 작업을 여성들이 대신 맡고 있었
다. 그가 도착했을 때, 현장의 반응은 뜨거웠다. 사람들은 반
가워했고 또 안도했다. 최만복은 그 장면을 두고 “내가 특별해
서라기보다, 그 자리에 남자가 한 명 더 생긴 게 컸던 것 같다”
고 말했다. 그는 빠르게 집진기를 들이고, 작업반장의 통제 빈

도를 줄여나가는 식으로 작업환경을 눈에 띄게 개선했다.

하지만 사람들이 반가워한 만큼, 그가 부재할 때면 즉각적으로 불만이 터져나왔다. 간부활동으로 최만복이 자리를 비워야 하는 경우가 종종 생겼기 때문이다. 그는 그런 상황이 부대꼈다고 했지만, 지칠 틈이 없었다고도 했다. 때로는 끈질긴 설득으로, 때로는 반복되는 미소로 그 부재의 공백을 메웠다.

"일손이 부족하니까요. 간부활동한다고 빠지면 욕을 먹죠. 그럴 때는 어떻게든 비위 맞춰주려고 했어요. 예전 같으면 성질도 냈을 텐데, 그때는 그냥 길게 설명하고, 늘 미리 얘기하고, 항상 양해 구하고 그렇게 했죠."

그런데 조기퇴직 신청이 시작됐을 때, 고되었던 현장에서 어려운 시간을 함께 보냈던 이들 중 몇이 뜻밖에도, 뒤도 돌아보지 않고 빠르게 회사를 나갔다. 최만복은 자신이 특히 애썼던 시간이 떠올라 조금은 섭섭한 마음이 들었다고 했다. 하지만 나가는 사람들을 붙잡거나 질책하지 않았다.

"본인들 살겠다고 나가는 거잖아요. 나간 사람들한테 욕하지 말자고 했어요. 끝까지 남아 있는 사람들한테는 어떻게든 같이 한번 해보자고 했어요. 또 내가, 우리 간부들이 더 열심히 해야겠다는 마음이 생기더라고요."

이 마음으로 '그림자 투쟁' 때도 최만복은 몸을 사리지 않았던 것인 듯싶다. 2023년 초, 특별근로감독이 진행되던 시기, 그는 고용노동부 장관의 동선을 따라 동료들과 함께 매일 온갖 곳으로 몸을 옮겨놓았다. 기상 상태는 조금의 걸림돌도 되지 못했다. 장관의 동선만 파악되면 어디든 갔다. 최만복은 이 일을 맡게 된 이유에 대해, 그가 맡지 않으면 다른 사람들에게 부담이 더 쌓인다는 걸 알았기 때문이라고 했다.

그렇게 그는 가장 열악한 환경에 놓여 있던 공장으로 가고, 필요한 자리를 찾아 부지런히 뛰어다니고, 현장의 구석구석을 지키면서 투쟁의 시간을 이었다. 그는 앞자리에 서는 대신 무너지기 쉬운 곳에 주로 몸을 놓았다. 그리고 그 자리에 머물 수 있을 때까지 머물렀다.

투쟁이 끝난 뒤에는 여러 일자리를 전전했다. 그러는 동안 이전에는 미처 선명하게 보지 못했던 차가운 현실과 마주했다. 한국와이퍼에 있을 때는 노조가 있었다. 노조의 존재만으로도 회사가 넘지 말아야 할 선이 생겼고, 현장은 최소한의 규율 속에서 작동했다. 그러나 반월·시화공단에 있는 대다수 소규모 사업장의 모습은 달랐다. 그곳에는 지켜야 할 선도, 그것을 함께 말해줄 조직도 없었다.

그래서 새 일터에서는 이전과는 다른 종류의 장면들을 맞닥뜨리게 되었다. 안전을 이유로, 절차를 이유로 질문을 던질수록 돌아오는 반응은 냉담했다. 옳고 그름을 따질 새도 없이 감당할 수 있느냐 없느냐의 문제로 대화는 쉽게 접혔다. 문제를 제기하는 순간 그 부담은 고스란히 개인의 몫이 되었다. 조직이 없는 자리에서의 문제 제기는 곧 자기 자신을 위험에 노출시키는 일과 같았다.

그는 한국와이퍼에서 몸으로 배운 감각들이 여전히 또렷하다고 말했다. 무엇이 잘못되었는지, 어디까지가 부당한지 분명히 보였다. 그런데도 그것을 꺼내놓을 수 없는 것이 지금의 현실이었다. 그 간극 앞에서, 무엇을 어떻게 해나가면 좋을지 물었을 때 그는 잠시 망설이다가 이렇게 답했다. 지금은 그저, 조금 쉬고 싶다고.

하지만 최만복은 온전히 쉬지 못했다. 그러지 않았다. 한국와이퍼가 문을 닫고 교섭이 종료된 뒤에도 분회 단톡방에는 다른 사업장의 투쟁 소식이 계속 올라왔고, 그는 거기에 계속 신경을 썼다. 비상계엄 시도가 있던 날에도, 그는 참지 못하고 반차를 내고 집회에 갔다. 이것만큼은 빠지면 안 되겠다 싶었다. 최만복은 조심스럽게 말했다.

"(우리 투쟁 때) 여기저기 연대해달라고 사방으로 왔다 갔다 하면서 요청했는데, 그러면서 도움을 받았는데, 뭔가를 끝냈다고 가만히 있으면 우리만 챙기고 그냥 가는 것처럼 보이잖아요. 우리의 투쟁을 저렇게 연대해줬는데 우리는 도움을 어떻게 줘야 하나 그런 고민이 들더라고요. …… 어쨌든 한

편으로는 미안한 감정이기도 하고, 그 뭐랄까 빚이 있는 감
정. 그걸 갚아나가려고, 아니, 갚기보다는 이걸 어떤 식으로
되돌려줄 수 있을까 싶어서……"

그는 '받은 도움'이 자주, 내내 떠올랐다고 했다. 지역에서
받은 연대, 시민들이 건넨 밥과 말, 현장을 나란히 지켜준 사
람들의 시간. 그 모든 것이 그냥 지나간 호의가 아니라, 언젠
가는 되돌려주어야 할 것처럼 느껴졌다고 했다. 그래서 그는
그것을 "빚"이라고 불렀다.

그의 이야기를 따라가다 보니 그 "빚"이 왠지 "빛"처럼 들
리기도 했다. 최만복을 비롯해 그 빛을 따라가는 이곳 사람들
의 이야기에 조금 눈이 부셨다.

 이웃, 동사가 되다:
좋은이웃 김현정·김원영, 김미금,
박재철, 정현철, 이규선의 시간

좋은이웃 활동가 김현정, 김원영

김현정은 맨 먼저 2022년 12월에 있었던 회원 행사 이야기를 꺼냈다. 한국와이퍼 투쟁을 응원하기 위한 자리였다. 행사에서는 단식 중이었던 최윤미 분회장을 화상으로 연결해 인사한 뒤 "좋은이웃과 한국와이퍼가 어떻게 상생하며 함께해왔는지"에 대한 발표를 진행했다. 김현정은 그날을 복기하면서 한국와이퍼와 좋은이웃이 서로 기대며 성장해온 역사를 다시금 돌아보게 되었다고 했다.

좋은이웃이 생겨난 바탕에는 '더불어숲'이라는 지역 노동자 동아리가 있었다. 한 달에 한 번 얼굴도 보고 여행도 가자는 취지의 모임이었다. 공단의 장시간 노동과 특근과 잔업의 힘겨운 리듬 속에서 모임은 자연스럽게 서로 의지하면서 "서로의 말을 들어주는 곳"이 됐다. 김현정은 2012년부터 이곳의 총무를 맡았다. 그러면서 제조업 현장의 노동자들을 많이 만났다. 동아리가 늘어나고 관계가 촘촘해지자, 노는 것 말고도 "의미 있는 뭔가를 해보자"고 하면서 좋은이웃에 대한 아이디어가 구체화됐다.

> "총무를 하면서 제조업 현장에서 일하는 노동자분들을 많이 만났고, 그때 오셨던 분 중에 한국와이퍼 노동자분들도 굉장히 많이 있었어요. …… 지역에서 노동자 공동체를 만들어서 우리 스스로 생활에 조금 도움도 되고 노동자 권리도 보호하는 활동들을 하면 좋겠다고 해서 좋은이웃을 2015년도에 만들게 되거든요."

김현정은 그 시절에 "정말 열심히 살았다"고 했다. 자신도 제조업 노동자였는데, 잔업이 끝난 밤에도 사람을 만났다. 자기 현장에서 고충을 말하기 어려운 사람들이 모여 서로의 어깨를 받쳐주는 시간이었다. 여력이 있어서가 아니라, 모이면 "응원받는 느낌"이 생겼기 때문에 어떻게든 시간을 쪼갰다.

김원영은 같은 이야기를 '실패'의 사례로부터 시작했다. 지역의 노동환경이 너무 열악했기에 그걸 타개하려면 노동조합이 필히 있어야 한다고 생각해왔다. 그런데 주변을 둘러보면 실패가 너무 많았다. 언제나 사측의 탄압이 심했고, 영세사업장에서는 노조를 세울 엄두조차 내기 어려웠다. 사업장 단위로 어렵다면, 지역 차원에서 서로를 지지하고 지원하는 방식으로 결속할 수는 없을까. 좋은이웃은 바로 이 질문에서 태어났다. 김현정도 설명을 덧붙였다.

> "노동과 삶이 분리될 수 없으니 삶의 문제도 함께 해결해보자는 의미를 담아서 공제회라는 말이 강조되게 했어요. …… 반월·시화공단이 노동조합의 문턱을 넘기가 어려울 정도로 영세한 기업들이 많다 보니, 사실 나의 임금을 높이는 조건을 만들기가 굉장히 어렵거든요."

그래서 좋은이웃은 '생활공제회' 형식을 띤다. 노동과 생활은 분리될 수가 없고, 지역의 노동환경은 소규모, 저임금 사업장들이 많아 열악하다. 그렇다면 지역에서는 무엇을 통해 노동자의 생활을 도울 수 있을까. 공제회는 이러한 고민 끝에 다다르게 된 형식이었다. 사업장의 임금을 높일 수는 없지만, 생활에 꼭 필요한 서비스 기관들과 협약을 맺고 회원들에게 할인을 제공하게 했다. 이로써 실질적 지출을 줄여 임금상승의 효과가 나타나도록 하는 것이다.

물론 이 취지와 형식은 좋은이웃이 갖는 정체성의 최솟값이라 할 수 있다. 좋은이웃은 더불어숲 시절부터 이어진 수많은 동아리가 여전히 유지되고 확장되는 곳이다. 사람들은 동아리를 통해 공부하고, 문화활동을 하며, 지역 봉사를 하면서 자신과 주변을 키운다. 좋은이웃은 2026년 현재, 680명가량 되는 회원들이 서로를 품고 사회를 품기 위한 공동체로 자리한다.

좋은이웃 창립 당시의 발기인은 200명가량이었는데, 그중 한국와이퍼 사람이 80명 가까이 되었다. 2014년부터 활동한 준비위에도 한국와이퍼의 노사협의회 사람들이 결합해 논의를 함께 이끌었다. 그러니 한국와이퍼와 좋은이웃은 어려움을 함께 건너가는 나란한 곁이자 서로를 키우는 몸으로 묶인 오랜 관계라 할 수 있었다.

2022년 최윤미가 단식을 이어가던 시기에, 좋은이웃을 중심으로 실천을 이어간 안산시민행동은 지역을 하나로 모으는 오목하고도 넓은 그릇이었다. 안산시민행동을 통해 다양한 대응이 끊임없이 일어났다. 기자회견을 하고, 현수막을 달고, 관직에 있는 수많은 이들과 면담을 잡고, 1인 시위를 이어가고, 수시로 국회 앞 단식농성 천막을 방문했다.

그 밖에도 현장에 못 가는 이들 또한 참여할 수 있도록 여러 갈래의 길이 제시됐다. 몸이 묶인 사람들은 잠시 쉬는 틈이 날 때마다 안산시청 홈페이지 게시판에 글을 올리고, 한국와이퍼분회를 응원하는 굿즈를 구입해 후원을 했다. 그 숱한 갈래들이 모여 한국와이퍼의 투쟁을 공장 울타리를 넘어서는 지역의 싸움으로 만들었다.

김현정은 그 과정이 무척 자연스러운 것이었다고 말했다. 한국와이퍼 조합원들이 이미 자신의 이웃이거나 '아는' 얼굴들이었고, 좋은이웃 안에서도 적지 않은 역할을 해온 사람들이었기 때문이다. "내가 아는 언니, 누나"가 실직할지도 모른다는 염려의 마음들이 한데 모인 것이다.

"한국와이퍼의 문제가 한 발짝 떨어진 노동의 문제로 보이지 않고 '우리'의 문제로 보이는 회원들이 되게 많았던 거죠."

좋은이웃은 이들 조합원을 위해 특별대출기금 5000만 원을 만들어 전달했고, 1000만 원을 후원금으로 내놓기도 했다. 이 돈은 투쟁의 시간을 연장시키는 장치였다. 사업장 청산 위기 앞에서 파업을 이어갈 때 조합원 개인에게 생기는 가장 큰 위기는 생계와 생활비 문제다. 누군가는 버티지만 누군가는 떠날 수밖에 없다. 좋은이웃은 이 가장 긴급한 위기에 기꺼이 연루되어 함께 책임을 지기로 한 것이다.

물론 이 방식은 좋은이웃이 한국와이퍼 사람들로부터 먼저 배우고 또 받은 것이기도 했다고 김현정은 말했다. 거기에 온기와 의미가 더해져 그들에게로 다시 돌아간 것이라고.

"우리가 한국와이퍼에서 받았던 공동체 상생기금이라든지 사회연대기금으로 좋은이웃이 많이 확장된 것만큼, 또 그 기금을 돌려서 한국와이퍼분들이 이 어려움을 같이 극복했으면 좋겠다는 마음으로 결의했던 게 있죠."

안산시민행동은 2023년에 들어서면서 본격화된 한국와이퍼 현장 점거농성에도 부지런히 연대했다. 김원영은 이때의 경험과 에피소드를 여럿 들려주었다. 김원영 또한 평일에는 일을 해야 했기에 주로 주말에 가서 현장 지킴이들과 밤을 함께 지켰다. 밤은 정말 길었다. 다양한 대화가 오갔다. 재밌게 지내는 방법이 다양하게 발명되었다.

"잘 몰랐던 조합원들과 첫사랑 이야기부터 이혼 위기까지, 크고 작은 삶의 이야기들을 나눴던 기억도 떠오르고요. 그때 드라마 〈더 글로리〉가 엄청 유행이었는데 너무 바빠서 한 번도 못 봤거든요. 거기서 같이 다 봤던 기억이 나요. 게임도 정말 많이 했어요. 함께 공동체 게임을 만들어 진행하기도 하고, 야식 내기 게임도 하고, 탁구도 치고 윷놀이도 하면서 긴긴밤을 같이 보냈네요."

김원영은 한국와이퍼에도 2017년까지, 9년을 재직했다. 육아로 직장 일을 쉬다가 2022년에 좋은이웃으로 입사했다. 그의 남편은 "한국와이퍼 이제 그만뒀는데 왜 그렇게 열심히 가냐"고 했다. 하지만 김원영에게는 한국와이퍼에서 이어진

'사람들'이 있었다. 좋은이웃의 회원들이 그렇게 여겼던 것처럼 김원영에게도 한국와이퍼 투쟁은 '나의 언니들'의 삶이 걸린 싸움이었다.

김원영은 '나의 리즈 시절'이라는 프로그램에 대한 이야기도 해주었다. 지킴이마다 자신의 황금기 시절의 사진을 한 장씩 차례로 띄워, 돌아가며 이야기하는 시간이었다. 어떤 이는 유치원 때를 리즈 시절이라며 신나게 옛날을 이야기했다. 다른 이는 한국와이퍼에서 함께 일하던 때가 제일 좋았다고 했다. 한국와이퍼의 청산으로 잃는 것이 일자리만이 아닐 수 있다는 의미였다.

김현정은 한국와이퍼가 사라짐으로써 잃게 된 또 다른 가치를 이야기했다.

"노동조합이 생기면 보통 자기 노동조합에 갇히기 마련이잖아요. 하지만 한국와이퍼는 노동조합이 있는데도 이렇게 좋은이웃에서, 노동대학에서, 또 지역에서 자기 역할을 하면서 더 많은 사람들을 만나고, 한국와이퍼 안에서 하는 것처럼 열심히 그렇게 해왔거든요. 저는 그게 헌신이라고 생각해요. 굳이 그렇게 안 해도 누가 뭐라 하지 않는데, 몸으로 그렇게 보여주면서…… 좋은 본보기가 되어주었다고 생각해요."

한국와이퍼 노동자들의 실천이 실질적인 본보기가 되어 파급효과를 만들어낸 사례도 있었다. 한국와이퍼는 2016년에 환급받은 통상임금으로 5700만 원을 좋은이웃에 후원하고, 2019년에는 회사와의 교섭을 통해 공동체 상생기금을 매년 1200만 원씩 출연했다. 이 영향으로 인근의 동양피스톤이 매년 1500만 원을 좋은이웃에 후원하고 있고, 유진기공 또한 500만 원을 후원했다. 김현정은 이처럼 선구적인 실천을 해온 곳이 회사 청산으로 사라지는 게 특히 안타깝고 아까웠다고 했지만, 이게 끝이 아니라는 말도 덧붙였다.

"근데 그걸 또 완전히 없어지게 하지 않고 이렇게 뚜벅이재단이라는 걸 만들었잖아요. 다른 방식으로 어떻게든 꽃을 피우는 것 같아요."

좋은이웃은 현재 뚜벅이재단과 같은 건물에 상주하면서, 비정규직 노동자 모임을 만들거나 지역의 노동자들을 한자리에 모이게 하는 다양한 방식을 함께 구상하고 실행해나가고 있다. '꽃'이라는 말이 가깝게 다가왔다. 이들 모두가 나란히 어깨를 겯고, '지역'이라는 땅에 물을 뿌리고 씨앗을 심고 흙을 고르는 낱낱의 실천 또한 '꽃'의 현재가 아닐까 싶었다.

연대자 김미금

1997년, 김미금은 19세에 입사해 6년 동안 일했던 삼보컴퓨터에서 노조를 만들려다 해고당했다. 그대로 물러날 수 없어서 회사 정문 앞에서 농성을 했다. 통근버스를 타야 1시간 이내에 도착할 수 있는 곳이었다. 그런데 그의 언니 김미숙이 임신한 몸으로 버스를 갈아타고 매일같이 김미금을 만나러 왔다. 손에는 항상 따뜻한 점심 도시락이 들려 있었다. 그 기억은 20년이 지나도 지워지지 않았다.

언니는 그 뒤로 대림수산 어묵 공장에 다녔다. 냉동창고 안, 차가운 공기와 함께 하루 10시간씩 일을 했다. 그 시기, 형부가 뇌 지주막하 출혈로 갑자기 세상을 떠났다. 두 아이만 남았다. 언니는 김미금의 집으로 들어와 함께 살았는데, 몇 년 후 건강검진에서 유방암 판정을 받았다. 회사를 그만두고 7시간여의 수술을 받았다. 2~3년을 쉬다가 2013년, 한국와이퍼에 들어갔다. 그곳에서 아이들을 중고등학교, 대학교까지 보냈다. 한국와이퍼는 언니의 생계이자 삶의 기반이었다. 언니는 그곳에 정년까지 다니고 싶어 했다. 그럴 수 있을 거라 믿었다.

한국와이퍼의 청산 소식은 김미금에게도 충격을 안겼다. 언니가 다시 일자리를 잃을 수도 있었다. 20년 전, 김미금의 투쟁의 시간을 돌보느라 도시락을 싸들고 왔던 그 사람이, 이번에는 투쟁 현장에 직접 서게 되었다. 언니가 다니는 한국와 이퍼에는 김미금이 이미 잘 알고 지내는 동생들과 지인들도 있었다. 2006년, 김미금이 지방선거에 출마했을 당시 선거운 동을 함께 하며 그의 곁을 지켜준 이들도 한국와이퍼에 있었 다. 그러니 이 투쟁은 혈육의 문제인 동시에, 오래전에 진 빚 과 관련된 일이었다. 그가 이 투쟁에 함께하는 건 지극히 당연 했다.

김미금이 본격적으로 투쟁에 결합한 건 2022년 12월 31 일에서 2023년 1월 1일로 넘어가는 시간, 노조 사무실에서 언 니인 김미숙과 함께 최윤미 곁을 지키면서부터였다. 그 뒤로 현장 점거가 시작됐는데, 김미금은 쉬는 날이면 꼭 시간을 내 어 현장에 들렀다. 그는 투쟁 현장에 '재미'를 가지고 갔다.

"안산시민행동 중심으로 활동을 했는데, 투쟁은 좀 재미있게 해야 한다는 생각이 들어서, 여기 저희 사무실에 있던 장비 같은 거랑 가발 같은 거, 노래방에서 쓰는 그런 거 있잖아요, 그런 거 갖고 가서 같이 놀기도 하고 노래도 부르고 막 그랬 던 기억이 있어요."

김미금은 농성 당사자 곁에 연대자가 있는 것이 무엇보다 중요하다고 했다. 투쟁이 길어질수록 당사자들끼리만 있으면 갈등이 생기기 쉽기 때문이었다. 김미금을 비롯한 연대자들은 그렇게 자칫 빡빡해지기 쉬운 관계에 틈새를 만들어 따뜻하고 유쾌한 숨을 불어넣었다. 불안해하는 사람들에게 "이길 수 있다"는 말도 수시로 해주고, 공장에서 함께 잠을 자고, 밥도 나눠 먹고, 세상 얘기도 했다. 명절 전후로 함께 있어주려 하고, 휴가철에도 휴가를 더 내서 그곳에서 시간을 보냈다. 김미금은 지킴이들 모두에게 편지도 자주 썼다.

김미금의 조금 들뜬 듯한 목소리에서 한국와이퍼 사람들에 대한 각별한 애정이 오롯이 느껴졌다. 그에게 이들만이 갖고 있는 특별함은 무엇이라 생각하는지 물었다. 김미금은 기다렸다는 듯 말을 쏟아냈다.

"보통 투쟁을 한다는 건 약간 교과서적인 게 있잖아요. 직장 폐쇄를 하면 점거를 하고, 그다음 단계에선 뭘 하고, 이런 게 있죠. 저 같은 경우에는 누구도 소외되지 않는 투쟁을 하면 좋겠다는 생각을 많이 했거든요. 강하게 투쟁하는 것도 좋지만 거기서 소외되는 분들 있잖아요. 내가 그만큼 못하는데 속도나 강도가 다르다고 느끼게 되는. 그런데 한국와이퍼는 조금 늦더라도 다 같이 가려고 하는 노력이 있었던 것 같아요."

김미금은 그 구체적인 실천에 대해 연이어 이야기했다. 한국와이퍼는 모두가 참여할 수 있는 방법들을 계속 고민했다고. 분회 사람들뿐만 아니라 지역 연대에 있어서도, 여러 사람이 다양한 방식으로 함께 참여할 수 있는 방법을 강구했다. 어떤 사안에 대한 결정을 할 때도 지도부만이 아니라 끊임없이 반별로, 조별로 의견을 듣고 또 나누면서 대의를 모아갔다. 김미금은 덧붙였다. 이것은 사람들이 낙오되지 않도록 하려 했던 간부들의 부단한 노력이 더해진 결과일 것이라고.

빠르게 결정하고 강하게 밀어붙여야 하는 투쟁에서, 모든 사람의 의견을 빠짐없이 듣고 조율을 거듭하는 일은 흔히 비효율적인 것으로 간주된다. 한국와이퍼는 이 통념을 뒤집었다. 오히려 철저한 민주주의가 투쟁을 더 단단하게 만들었다. 209명이 끝까지 함께 남을 수 있었던 이유는 그들 모두가 고르고 평평한 자리에서 나란히 손을 잡고 있다고 느꼈기 때문이 아닐까.

김미금은 이 투쟁의 시간을 가까이에서 지켜보는 동안 또 하나의 중요한 발견을 하게 되었다고 했다. 그것은 지켜보는 사람마저 기쁨과 환희를 느끼게 하는 발견이었다. 김미금의 언니를 비롯한 중년 여성들의 변화와 관련된 것이었다.

"한국와이퍼분들이 노동조합활동을 통해서 활짝 피었다는 걸 느껴요. 활동을 통해서요. 막 얼굴이 환해지고 그랬어요. 활동하면서 많이 성장도 하고. 저희 언니 같은 경우도 투쟁하기 전에는 그렇게 맑고 밝은 때가 없었던 것 같거든요. 그래서 정말 저는 그 모습이 너무 좋아요. 언니 인생에 또 이런 시기가 올까 하는 생각. 힘도 들었겠지만, 울산공장 천막 가서 막 날밤 새우고 또 서울 집회 다니고 하는 거 보면, 옆에서 지켜보는 사람으로서, 인생에 있어서 최선을 다하는 그런 모습을 본 것 같아요. 사람이 살다가 그런 시기를 만날 기회가 별로 없잖아요. 오롯이 자신한테, 또 주위 사람들한테 집중하는 그런 시간을 본 것 같아요. 기뻤어요."

김미금은 이들에게 질문 하나를 던지고 싶다고 했다. 질문은 이런 것이다. "당신의 7~8개월, 집중적으로 투쟁했던 그 시기를 인생의 어느 지점으로 생각하세요?" 김미금은 그들에게 대답할 틈도 주지 않고 답안을 공개해버렸다. "꽃이 활짝 핀 시기."

그런데 그는 '노동조합'에만 방점을 찍고 끝내지 않고, 더 나아갔다. 김미금은 한국와이퍼분회가 만든 뚜벅이재단을 노동조합운동의 새로운 모델로 보자고 제안했다. 이유는 이렇다.

세상에 영원한 것은 없다. 지금 우리가 발 딛고 있는 어디나, 언젠가는 산업 전환으로 사라질 수 있다. 예전에 방직공장이 있었지만 사라졌고, 톨게이트 노동자가 많았지만 지금은 눈에 띄게 줄어든 것처럼. 시대를 호령한 공장이든 기업이든 흔적도 없이 사라질 수 있다. 그러니 어쩌면 중요한 건, 어떤 종류의 일터에서 무슨 일을 하는가가 아니라 누구와 함께 어떤 관계를 맺으며 살아가는가일 수 있다. 우리의 현재와 미래를 고립되지 않게 하는 관계와 기반은 무엇인지를 묻는 일일 수 있다.

"노동조합 안에 있을 때는 거기에서 복지를 누리고 관계를 형성할 수 있어도, 나가서는 그냥 한 개인으로 남는 게 되거든요. 그래서 노동조합이 있었던 직장에서 퇴직하신 분들 같은 경우는 굉장히 외롭거나, 관계망이 흩어지고 결국 곁에 가족만 남게 돼요. 그래서 저는 한국와이퍼가 이렇게 재단을 만든 흐름이 새로운 모델이 아닐까 생각해요. 공장이 없어진 뒤에 이렇게라도 공동체가 만들어져서 이 공동체를 이어가는 게 어떻게 보면 인간이 산업 전환 시대에 추구해야 할 지속 가능한 모델이라고 생각하거든요."

한국와이퍼에 다니던 이들은 지금 모두 각자의 일터로 흩어졌지만, 돌봄받을 수 있고 기댈 수 있는 뚜벅이재단이라는 공동체가 남았다. 김미금은 그 사실이 너무 값지고 귀하다고 했다.

재단을 '돌봄'의 공간으로 명명하는 김미금의 시선이 좋았다. 그리고 그 돌봄의 관계와 인프라를 만들어가는 것이, 이 사회와 우리 모두가 끝까지 놓치지 말아야 할 지향이어야 한다는 관점이 소중했다.

여기에 더해, 누군가를 갑자기 쫓아내거나 서로를 밟고 올라가지 않고도, 또 죽을힘을 다해 살아내려 애쓰지 않고도 '먹고사는' 문제가 해결되는 사회적 구조를 만드는 것 역시 중요할 것이라는 생각을 한다. 동시에 뚜벅이재단이나 뚜벅이재단을 닮은 공간을 거점으로 우리가 더 많이 모인다면, 더 많이 모여서 더 많이 상상하고 더 많이 시도한다면, 조금씩이라도 유의미한 변화를 만들어낼 수 있지 않을까 하는 생각 또한 한다.

안산시비정규직노동자지원센터 센터장 박재철

박재철은 오래 안산에 있었다. 안산·시흥비정규노동지원센터 산하 안산시비정규직노동자지원센터의 센터장으로 일하며 수많은 현장을 드나들었고, 노조가 없는 노동자들을 만나 교육을 하고, 상담을 하고, 공론장을 만들었다. 한국와이퍼와의 인연도 그 시간 속에서 시작됐다. 노사협의회 교육으로 그곳 사람들을 더 넓게 만났고, 이후 노동대학과 통상임금 교육을 통해 관계가 깊어졌다.

한국와이퍼는 잘 싸운 사업장이기도 했지만, 박재철은 이곳을 끊임없이 배우고 성장하고 나누려 했던 집단으로 기억한다. 이들은 무엇이든 한 번에 이해하고 넘어가려 하지 않았고,

돌아가서 다시 묻고, 다시 토론하고, 다시 확인했다. 박재철이 이들에게 교육한 것은 단지 노동의 개념이나 권리의 쟁취 같은 것만이 아니었다. 자기 사업장과 노동조합의 울타리 너머에 있는 이웃과 지역의 노동자와 손잡는 일을 언제나 부족함 없이 강조했다.

"노동자들이 자기 현장에만 천착하지 않고, 시각을 넓히면서 이웃에 있는 노동자들과 연대하고 함께하는 그런 노동자로 성장했으면 좋겠다는 관점을 계속 부여하거나 던지는, 그런 역할을 좀 하지 않았나 싶어요."

박재철이 강조한 '이웃'과 '이웃 노동자'라는 말은 현재의 노동 현실, 특히 시흥과 안산의 노동 현실을 직시할 때 필히 붙들어야 하는 키워드다. 그는 오래전부터 반월·시화공단의 구조 자체가 노동자들을 고립시키는 방식으로 작동해왔다는 점을 수없이 되짚어왔다. 반월·시화공단은 한 공장에 10명 남짓, 많아야 20명이 일하는 사업장이 대부분인 곳이다. 사장과 친인척, 외국인 노동자를 제외하면 실제 노동자 수는 더 줄어든다. 그 조건에서 노동조합을 만든다는 건 상상부터가 어렵다.

"실제 인원으로 보면, 노동조합을 만들기 위한 조직화가 거의 불가능한 조건이에요. 지금 반월·시화공단에 총 30만 명 넘게 근무를 하는데, 한국노총, 민주노총 합쳐서 노동조합으로 조직된 게 2.5퍼센트 정도예요. 최악인 거예요. 전국 평균이 12퍼센트 정도 되는데. 이 상태에서 한 사업장에서 뭔가를 돌파하고 조직문화를 만드는 그런 방식이 어떤 의미가 있을까 하는 고민에 빠진 거예요.”

박재철은 대학 입학 후 사회운동을 하고 우리 사회의 구조를 다시 보게 되면서 대학을 중퇴했다. 그 뒤 노동 현장으로 들어가, 한동안 반월·시화공단의 제조업 노동자로 살았다. 그 시간 속에서 그는 한 사업장 단위의 조직화가 얼마나 쉽게 난관에 부딪히는지를 몸소 겪었다. 박재철이 ‘이웃 노동자’를 강조한 것은 그런 이유에서였다.

‘좋은이웃’이라는 형태를 함께 구상하게 된 출발점도 여기에 있었다. 노동조합을 만들 수 있다면 가장 좋지만, 그렇지 못한 수많은 노동자들이 서로 의지하고 버틸 수 있는 공동체의 울타리를, 그리고 생활의 위기를 함께 건너는 장치를 고민했던 것이다.

“그런 꿈을 갖고 함께할 수 있는 사람들을 만났어요. 사람들과 함께해야 뭐라도 바뀌는 거니까, 저 혼자 할 수 있는 일이 아니니까. 저희가 큰 꿈이 있었어요. 그 꿈의 출발은 노동자는 어떤 형태로든 뭉쳐야 한다는 것, 그렇지 않으면 마른 밀가루 같아서 작은 흔들림에도 다 흩어지고 아무런 실체가 없게 된다는 것이었거든요.”

한국와이퍼는 이 과정에서 만난 첫 인연이었다. 한국와이퍼 사람들은 노사협의회 시절부터 좋은이웃의 준비 과정에 함께하며 공제회 창립에 중요한 역할을 했다. 또 노동조합의 독립지회가 될 충분한 규모와 조건을 갖추고 있었음에도, 시흥안산지역지회 산하의 분회가 되기로 했다. 단독 사업장의 깃발을 드는 대신, 지역의 여러 사업장이 함께 드는 깃발 속으로 들어간 것이다. 이는 “사업장의 벽을 넘어 더 많은 노동자를 만나겠다는 의지”였다. 박재철은 이와 같은 문제의식을 끊임없이 공유하고 교육한 사람이다. 당시 금속노조 내부에서도 이를 낯설게 받아들였다. 하지만 이곳 시흥·안산의 열악한 노동 현실을 고려할 때, 공장 하나를 지키는 싸움만큼이나 지역 노동자들을 함께 지키는 싸움의 기반은 중요했다. 여기에 영향을 받아 한국와이퍼와 비슷한 규모의 동양피스톤, 유진기공 등 다른 사업장들 역시 시흥안산지역지회 산하의 분회로 결합했다.

그는 한국와이퍼의 투쟁 또한 “이웃 노동자의 시각”으로 바라봐야 한다고 했다. 기존의 노동운동 문법에서 흔히 상정되는 결말은, 오랜 싸움 끝에 소수의 인원만 복직하거나 계열사로 흡수되는 방식이다. 하지만 그 과정이 길어질수록, 다수의 노동자는 생활을 견디는 것이 어려워 먼저 떨어져나간다. 수년 동안 버티고 나면, 남는 건 다섯 명 안팎이다. 공단의 이웃 노동자가 그걸 볼 때 이것은 이긴 싸움이 아니다. 오히려 "결국은 안 되지 않냐" 하는 감각으로 남기 쉽다.

박재철은 이 지점에서 한국와이퍼의 선택이 달랐다고 본다. 이들은 209명이 함께 싸웠고, 같은 시점에 209명이 함께 정리를 했다. 1인당 1억 원 이상의 위로금을 받고 이와는 별도의 재원으로 재단을 만들었다. 이후의 삶을 이어갈 기반을 마련한 것이다. 그는 이것이 돈의 문제를 넘어, 이웃 노동자들에게 남기는 '다른' 신호라고 말한다.

"저는 이게 아주 단순하다고 생각해요. 보통 개별 노동자들은 자기 회사에서 그런 상황이 닥치면 3개월 임금도 못 받고 나가요. 근데 모두가 다 같이 1억 넘는 돈을 받았다는 거예요. 이게 노조의 힘인 거예요. 희망인 거예요. 근데 이걸 돈으로 합의했다고 매도하는 것은 편협한 시각이에요. 이웃에 있는 노동자들의 시각에서 그건 승리인 거고 희망인 거죠. 만약에 내가 3개월 임금도 못 받고 쫓겨나는 게 아니라 1억 정도를 받을 수 있다면, 진짜로 그게 보장된다면 그건 큰 의미고 힘이죠. 이 투쟁은 시각 자체가 다른 싸움을 한 겁니다. 기존의 노동운동을 비난하는 게 아니라, 이 운동은 좀 다른 시각에서 이뤄졌다는 거예요."

한국와이퍼는 사회적 고용기금으로 75억 5000만 원을 받았고, 그중 24억 원이 공익재단의 씨앗이 되었다. 최저임금에 가까운 임금을 받던 노동자들이 스스로의 몫을 내어 지역의 노동자를 위한 공적 자산을 만든 일은, 박재철이 아는 노동운동의 역사 안에서는 유례가 없다. 또한 그는 이들의 싸움이 '돈'이라는 목표나 결과물로 환원되어서는 안 된다고 힘주어 말했다. 박재철은 한국와이퍼 사측이 마지막으로 희망퇴직 신청을 받을 즈음, 사무실 근처 식당에서 우연히 들었던 대화를 떠올리며 말했다.

"1억 가까이 준다고 하면 중간에 다 나갈 거라고들 하더라고요. 근데 실제로는 거의 안 나갔어요. 그게 뭘 의미하겠어요. 처음부터 돈을 원했던 게 아니라, 고용을 원했던 거예요. …… 그걸 돈으로 마무리했다고 말하면, 그 209명이 버텨온 시간과 삶을 다 오염시키는 거예요. 자기 집 한 칸 없는 사람들이 자기 연봉의 일부를 내놓은 거잖아요. 그 마음을 제대로 봐야죠."

마지막에 가서 사회적 고용기금에 합의한 이들의 선택을 박재철은 "현실 앞에 도달한 노동자들의 숙명적인 판단"이라고 해석했다. 더는 밀어붙일 수 없는 제도적 벽 앞에서, 싸움을 기록으로 남기고, 다음의 삶과 다음의 노동자를 위해 자원을 남기는 쪽을 택한 결정이었다. 더 큰 사업장, 더 많은 조합원을 가진 곳에서도 쉽게 하지 못한 선택을, 취약한 조건에 놓여 있던 노동자들이 해냈다. 그러한 결단이야말로 이 싸움이 남긴 가장 낯설고도 강한 유산이 아니겠냐고 그는 말했다.

그는 다음을 묻는 것 또한 필요하다고 말한다. 이 경험이 어떻게 다른 현장으로 옮겨갈 수 있는지, 노조가 없는 노동자들에게 어떤 상상력을 줄 수 있는지. 뚜벅이재단이라는 결과 역시 완결된 답이기보다는 질문을 남긴 걸음이라고 본다. 회사가 사라진 뒤에도 관계를 유지하려는 시도와 노동자의 삶 전체를 책임지려는 상상이 어떻게 가능했는지, 그리고 어떻게 더 확장될 수 있는지에 대한 질문 말이다.

박재철에게 한국와이퍼의 투쟁은 한 사업장의 투쟁을 넘어선다. 노동자를 고립된 존재로 보지 않고 이웃으로, 함께 살아가는 사람으로 다시 사유하게 만든 사례다. 이들은 노조의 울타리를 넘어 지역과 연결되었고, 서로를 일으키며 나란히 성장했고, 책임을 나누는 구조를 고민했다.

이런 고민과 실천이 릴레이처럼 이어지는 상상을 한다.

금속노조 시흥안산지역지회 지회장 정현철

정현철은 한국와이퍼 노조가 만들어지기 훨씬 전부터 지

금까지, 가장 오래 이 싸움의 곁에 있었던 사람 중 한 명이다. 2012년 무렵부터 일반분회에 함께했던 한국와이퍼 노동자들의 현장 모임에 참여했고, 2018년 노동조합 설립 과정에서는 경기금속 지역지회 수석부지회장 지위로 공식적인 교섭 대표 역할을 했다. 이후 고용안정협약을 함께 설계했고, 청산 국면에서는 투쟁의 방향을 함께 고민했으며, 지금은 뚜벅이재단의 이사로서 한국와이퍼분회 사람들과 여전히 교류한다. 한국와이퍼의 시작과 중간, 그리고 이후를 함께한 사람이라 할 수 있다.

일반분회의 한국와이퍼 현장 모임은 노동조합을 만들자고 결의한 사람들의 느슨하지만 끈질긴 결합이었다. 정현철은 그 자리에서 이들이 어떤 고민 위에 있는지, 회사의 경영 상태는 어떤지, 앞으로 무엇을 조금씩 쌓아올리면 될지를 함께 살폈다.

"한국와이퍼는 그렇게 노조를 만들 때 단기간에 상담 와서 싹싹 만들어진 게 아니고, 좀 오래 준비를 해서 만든 케이스예요. 그게 제 경험에 의거해서 그런 것이기도 한데, 제가 노조를 만들려다가 두 번을 실패하고 해고를 당했거든요. 기왕 만들 거면 잘 만들어야 하고 절대 실패하면 안 된다, 하는 생각이 있었어요."

정현철이 한국와이퍼에서 유독 '실패하지 않는 노조'를 강조했던 데에는, 오랫동안 마음에 남아 있던 실패의 경험이 있었다. 그는 과거 오스람 투쟁을 떠올리며, 그 싸움이 남긴 좌절을 숨기지 않았다. 당시 오스람 역시 외국계 자본의 철수와 공장폐쇄를 둘러싼 투쟁을 했다. 결과는 노동자들의 흩어짐으로 끝났다. 오래 버텼지만, 그렇게 버티는 것 말고 다른 선택지를 만들어내지 못했다는 후회가 남아 있었다.

"그때 많이 느꼈어요. 계속 버티라고만 하는 게 과연 맞는가. 고용 공포에 시달리는 노동자들한테 '조금만 더 견디자'는 말 밖에 못 하는 것도 무책임하다는 생각이 들었어요. 다시는 그런 싸움을 반복하면 안 된다는 게 제 안에 남았죠."

그래서 정현철에게 한국와이퍼 투쟁은 단순히 하나의 사업장을 지키는 문제가 아니라 '다른 결말을 상상해야 하는 싸움'이었다. 회사가 사라질 가능성이 현실화되었을 때 노동자들이 흩어지지 않게 하려면 무엇이 필요할지를. 오스람의 실패는 그 질문을 피할 수 없게 만든 배경이었고, 이후 사회적 고용기금과 재단이라는 선택을 고려하는 사유의 출발점이었다.

정현철이 조합 설립을 서두르지 말자고 했던 것 또한 지나온 경험 때문이었다. 노조를 만들다 실패할 경우, 앞에 섰던 한 사람의 좌절로 끝나는 게 아니라 그 곁에서 함께 마음을 내준 이들에게도 깊은 상처를 남긴다는 걸 그는 경험으로 알고 있었다. 한국와이퍼와 동양피스톤에서 상담이 들어왔을 때도, 그는 당장 노조를 만들기보다 버틸 수 있는 몸을 만드는 시간이 필요하다고 조언했다. 회의를 열고, 사안을 공유하고, 작은 행동을 함께 해보는 시간. 그는 그것을 "실험"이라고 불렀다.

> "노동조합이 전부는 아니라는 생각을 가지고 있었어요. 노동조합으로 하면 훨씬 많은 문제를 해결할 수 있고 힘을 발휘할 수 있지만, 노동조합 자체가 목적은 아니니까요. 노동조합을 통해서 우리가 뭘 하고자 하는 거니까, 노조는 없지만 노조가 있는 것처럼 활동하는 경험을 좀 해보는 과정들을 실험했달까요."

한국와이퍼의 경우, 실험의 시간이 길었다. 노조를 만들기까지 거의 7년 동안, 한국와이퍼 사람들은 밥심 모임을 만들고, 소통위원회를 꾸렸으며, 임금협상을 하고, 공장의 환경을 개선해나갔다. 통상임금 소송에서 이긴 뒤, 그 결과를 자기들만의 성과로 닫아버리지 않고 지역으로 환원하는 선택을 했다. 이 과정에서 한국와이퍼는 점점 '자기 문제만 해결하는 사업장'이 아니라, 시흥·안산이라는 지역의 노동자 문제를 함께 고민하는 공간이 되었다. 훗날 많은 사람들이 "왜 이렇게 연대가 두터웠는지"를 물었을 때, 그 답은 단순하고 명확했다. 그 연대는 위기 이전의 선택과 실천이 쌓여 이루어진 결과였다.

2018년의 노동조합 설립은 그런 준비 끝에 이뤄졌다. 준비도 오래 했지만, 회사의 위기가 눈에 보이기 시작한 때였다. 사회적 분위기도 한몫했다. 박근혜 탄핵 이후의 촛불 정국이었고, 노동자들이 세상을 움직일 수 있다는 감각을 공유하던 시기였다.

"당시에 분위기가 막 엄청 뜨거웠잖아요. 혁명은 아니지만, 대통령을 몰아낼 수도 있고 다른 뭔가를 만들 수도 있는 상황이구나, 하는 사회적 분위기가 크게 영향을 미쳤어요. 사실 이명박, 박근혜 정부를 거치면서는 상담도 거의 안 왔거든요. 현장 노동자들이 그런 것에 되게 민감하게 반응하는 편이라서."

그 무렵 한국와이퍼 내부에도 자신감이 쌓여 있었다. 노사협의회를 활용해 회사 자료를 들여다보고, 공개적인 자리에서 질문을 던지고, 단체행동을 통해 협의를 이끌어내고, 작은 갈등을 함께 통과해온 경험이 노동자들 사이에 신뢰를 만들었다. 정현철은 노사협의회를 두고 흔히 하는 '어용 기구'라는 평가에 동의하지 않았다. 오히려 그는 그 제도가 가진 합법성과 공개성을 적극적으로 활용해야 한다고 보았다. 파업권은 없지만 노동자들이 모이고 말하고 판단하는 연습을 할 수 있는 공간이라는 점에서 노사협의회는 민주주의의 중요한 훈련장이었다. 한국와이퍼가 그걸 보여줬다.

그렇게 준비된 상태에서 만들어진 노조는 곧바로 고용안정이라는 문제와 마주하게 된다. 정현철은 2020년과 2021년을 한국와이퍼 투쟁의 중요한 분기점으로 꼽는다. 매각 가능성에 대한 정보가 흘러나왔고, 분회의 지도부와 그가 논의해 회사에 고용안정협약을 요구했다. 회사의 움직임을 실제로 멈추게 하는 힘으로써 협약은 무엇보다 중요했다.

하지만 2022년은 달랐다. 회사는 앞선 두 번의 경험을 그대로 되풀이하지 않았다. 파업권을 무력화할 수 있도록 준비를 해두었다. 대체생산지를 확보하고, 라인이 끊기지 않는 구조를 만든 뒤, 청산을 통보했다. 정현철은 이 국면을 "기습"이라고 표현했다.

"두 번째까지는 노동조합이 할 수 있는 힘으로 회사랑 싸워서 정리를 시켰다고 하면, 세 번째는 기습을 당한 거죠. 회사는 준비를 다 해놓고 싸움을 건 거니까 쉽지 않았어요. 저희도 대응 체계를 구축하고 다시 싸울 때까지 시간이 좀 걸렸죠."

청산 발표 이후, 한국와이퍼 투쟁은 빠르게 성격을 바꿨다. 파업권이 무력화된 상태에서 남은 선택지는 많지 않았다. 언론을 통해 문제를 알리고, 국정감사를 준비하고, 정치권을 설득해야 했다. 정현철의 말대로 "정치적으로 싸울 수밖에 없"는 시기였다.

정현철은 이 모든 과정을 두고, 한국와이퍼가 특별히 '잘 싸운' 이유에 대해 이렇게 답했다. 처음부터 노조가 아니었기 때문에 오히려 주변을 더 돌아보았고, 도움을 요청하는 법을 배워올 수 있었다고. 가장 열악한 조건에 있었기 때문에 더 열악한 노동자들의 처지를 외면하지 않을 수 있었다고.

"한국와이퍼는 누가 봐도 노동조합을 저렇게 해야지, 하는 사례들이 꽤 있죠. 통상임금 소송 환원한 것도 그렇고, 좋은 이웃 공제회 만들 때도 주축 멤버였잖아요. 가난한 사람이 또 가난한 사람 마음을 잘 안다고, 노동조합 만들었다고 외면하지 않았고요."

정현철은 이 싸움을 "완전한 성공"이라고 부르지는 않았다. 다만 무엇이 가능했고, 무엇이 더는 가능하지 않았는지를 끝까지 숨기지 않고 드러낸 싸움이었다고 말했다. 고용을 지켜내지 못한 싸움을 승리로 부를 수 있느냐는 질문은 투쟁 내내 한국와이퍼 내부에서도 반복해서 되돌아오는 질문이었다. 누군가는 끝까지 고용을 원했고, 누군가는 하루라도 빨리 이 싸움이 끝나길 바랐다. 같은 조합 안에서도 기대와 두려움이 서로 다른 속도로 움직였다.

"금속노조 내부에서도 평가는 다양해요. 고용(승계) 못 했잖아, 실패한 거 아니냐는 평가도 있어요. 그 말도 틀렸다고만은 할 수 없어요. 근데 그런 평가만으로는 설명되지 않는 싸움들이 훨씬 많다고 생각해요."

정현철은 '고용이냐 실패냐'라는 이분법이 현실을 지나치게 단순화한다고 보았다. 특히 덴소코리아의 와이퍼시스템부를 인수한 디와이(DY오토)와의 교섭이 끝내 열리지 않았던 과정은, 고용이라는 선택지의 실현 가능성이 희박한 현실을 냉정하게 보여주었다. 정치권을 통하고, 노동부를 거치고, 국회를 두드려도 디와이는 끝내 모습을 드러내지 않았다. 생산 아이템만을 가져가고 사람은 남기지 않는 결말이 분명해지면서, 더는 "조금만 더 버티자"는 말을 반복할 수 없게 됐다.

"고용이 될 거니까 기다려라, 버텨라 하는 것도 안 될 말이죠. 사실이 아니니까요. 아닌 얘기를 조합원들한테 계속할 수는 없었어요. 그래서 플랜B를 고민한 거예요."

사회적 고용기금이라는 선택지에 도달한 과정은 갑작스러운 전환이라기보다 오래된 질문의 연장이었다. 오스람 투쟁 이후, 정현철은 산업 전환과 외투자본 철수 앞에서 노동조합이 무엇을 책임질 수 있는지에 대한 고민을 이어가고 있었다. 고용이 무너지는 상황에도 조합이 해체되지 않고, 사람들이 흩어지지 않게 할 수는 없을까. 회사가 사라져도 조합원들이 서로를 놓지 않는 구조를 만들 수는 없을까.

"회사 중심으로 보면 답이 없어요. 조합원 중심으로 봐야 해요. 이 사람들이 다시 재취업하고, 자리를 잡을 때까지 노조가 할 수 있는 역할이 있어야 된다고 본 거죠."

209명이 함께 싸웠고, 209명이 함께 정리했다는 사실은 한국와이퍼의 싸움을 특별하게 만들었다. 누군가 먼저 빠져나가고, 누군가 남아 마지막을 감당하는 방식이 아니라, 모두가 같은 시간에 같은 결정을 내렸다는 점이 중요했다. 그리고 그 결정의 끝에, 자신들만을 위한 위로금을 넘어 다음의 노동자들을 향한 기금이 놓였다.

재단 이후의 풍경은 그가 보기에 또 다른 확장이었다. 한국와이퍼 조합원들은 각자의 일터로 흩어졌지만, 이전과는 다른 사람들이 되어 있었다. 문제의식을 가지고 질문을 던지고, 상담을 요청하고, 다른 사업장의 노동자들과 연결되는 통로가 열렸다. 하나의 사업장이 사라졌지만 그곳에서 비롯된 경험은 여러 현장으로 번져갔다.

"이렇게 가면 한국와이퍼가 70개, 80개가 되는 거예요. 조합원들을 버리지 않았다는 게 중요한 거죠. 이게 외투자본들한테도 계속 경종을 울리는 방식이라고 봐요.”

물론 한계도 분명했다. 기금의 규모는 충분하지 않고, 남겨진 사람들이 갈 수 있는 일터는 제한적이며 열악하다. 하지만 아무것도 남기지 못한 채 끝나는 싸움들과 비교하면 이 어설픈 시작은 다음을 열 수 있는 조건일 수 있다고 정현철은 말한다. 이를 ‘완성된 모델’이 아니라, 이후의 노동운동이 ‘다음’을 열어가게 하는 출발점으로 보자고 제안하는 것이다.

그 ‘다음’에다 나의 상상을 슬쩍 얹어본다. 회사를 넘어 삶과 돌봄을 중심으로 하는 공동의 기반을 만들고, 한 사업장을 넘어 사회 전체의 불안정과 불평등에 답하는 구조를 만드는 상상 말이다.

금속노조 경기지부 지부장 이규선

이규선은 최윤미 분회장과 함께 국회 앞 단식을 40일 넘게 이어간 인물이다. 경기지부를 대표하는 지부장이라는 자리에서 한국와이퍼분회의 투쟁이 어떻게든 힘을 받도록 하기 위해, 최윤미의 곁을 지키며 함께 곡기를 끊었다.

이규선은 한국와이퍼를 이야기할 때 자주 최윤미를 말했

다. "걸출한 인물"이라는 표현이 거침없이 나왔다. 표현과 다르게 의미는 섬세했다. 최윤미가 한 사람의 리더로서 빛난 이유는 누군가를 끌고 가는 힘을 넘어 사람들이 함께 갈 수 있게 만드는 방식 때문이라고 했다. 현장에는 무수한 이견이 있고, 각자의 생계와 두려움이 있고, 준비 정도가 다른 사람들이 함께 있다. 그 복잡한 속도를 무시한 채 "옳은 구호"만 외치면 대개 싸움은 소수의 것이 된다. 그는 최윤미와 분회가 그 길을 가지 않았다고 단언했다.

토론을 하고, 사정을 듣고, 속도를 맞추고, 누구 하나 떨어지지 않게 손을 내밀면서 함께 "호흡"함으로써 여기까지 왔다는 것이다. 그 과정이 쌓이면 외부에서 보기에 설명하기 어려운 신뢰가 생긴다. 최윤미와 지도부에 대한 조합원들의 무조건적인 신뢰는 맹목이 아니라 믿음과 존중을 반복해서 받아온 결과일 수 있다는 뜻이다. 이규선은 한국와이퍼가 보여준 가장 소중한 덕목을 '조합원을 중심에 놓는 방식'이라고 했다.

"투쟁을 시작했던 사람들이 끝까지 거의 이탈 없이 다 같이 마무리를 한 거잖아요. 그 비결은 '내가 옳으니까 무조건 날 따르라'가 아니라 사람들의 고민과 번뇌, 그 숱한 어려움들을 같이하면서 서로 등 두드려주고, 아픔도 같이 나누고 기쁨도 같이 나누고, 투쟁도 준비된 만큼 같이하고, 듣고 또 토론하고, 대책도 크든 작든 같이 세워나가면서 나란히 왔던 어떤 정신, 그런 사업 방식에 있다고 봐요.”

단식에 대한 이야기도 들었다. 영업이 중단된 싸움에서 파업은 영향력 있는 수단이 되지 못했다. 생산을 멈춰 압박하는 방식이 통하지 않을 때, 저항의 선택지는 급격히 줄어든다. 단식은 “지도부가 뭔가를 뚫어내지 않으면 앞으로 나가기 힘들다”는 판단에서 시작되었다. 장소도 국회 앞으로 정했다. 이 상황을 ‘정치적 문제’로 드러내고, 압박의 방향을 바꾸기 위한 선택이었다.

“파업도 방법이 아닌 상황이었죠. 회사가 아예 영업을 중단했으니까. 그래서 제가 제안을 했어요. 단식투쟁을 해야 한다고.”

그는 단식이 흔한 선택이 아니라는 것도 분명히 했다. 지부 차원에서는 오히려 그런 극한투쟁을 “별로 좋아하지 않는다”고 했다. 하지만 한국와이퍼의 상황이 당시 “꽉 막혀” 있었기에 포기할 수 없었다고 했다. 이규선은 무척이나 힘겨웠을 단식의 시간을 조금도 비장하게 그리지 않았다. 뜻밖의 유머가 자주 튀어나왔다.

지부장 업무라는 게 주로 수많은 사업장이랑 여러 일을 같이 하는 방식인데, 단식한다고 “다 팽개치고 그냥 가서 앉아 있으니까 편했다"고도 했다. 주변에서 보는 이들은 걱정이 많았지만 자신은 버틸 만했다고도 이야기했다. 건강 상태를 체크하러 매번 들르는 한의사로부터 "오랜만에 50일을 넘게 할 수 있는 놈이 나타났다"는 말까지 들었다.

하지만 그는 최윤미가 무척 걱정스러웠다고 했다. 자신이 건강한 편에 속했다면, 최윤미는 "왜소하기도 하고 그렇게 건강관리를 잘하는 사람도 아니"었다. 그런데도 최윤미는 끝까지 버텼다.

"한 20일 전후인가 그때 위기가 있었어요. 좀 못 버틸 것 같은. 근데 그걸 의지로 넘어서더라고요. 그러면서 그냥 40일을 넘겼죠."

이규선은 단식보다 무서운 것이 복식이라는 말이 있다며, 그 뒷이야기도 들려줬다. 단식을 길게 했던 누군가가 복식 시기가 되어 정석대로 내내 죽만 먹었는데, 그러다 영양실조로 쓰러졌다는 거다. 그래서 이규선은 그 정석을 가뿐히 건너뛰고 내키는 대로 마음껏 먹은 덕에 금세 멀쩡해졌다며 장난스럽게 으스댔다.

그는 47일이나 단식을 이어갔지만, 단식의 성과는 기대보다 크지 않았다고 평가했다. 그럼에도 별일 아니라는 듯 다음 걸음을 툭툭 이어갈 수 있었던 건 그의 이런 유쾌함 덕분이 아니었을까 싶다.

이규선은 한국와이퍼의 의미를 묻는 질문에도 결론을 서둘러 내리지 않았다. 법과 제도가 바뀌지 않는 한, 외투자본은 "사업하다가 아닌 것 같으면 철수"하고 노동자는 해고되는 일이 되풀이되는 구조가 문제라고 했다. 한국와이퍼가 남긴 성과는 외투자본을 무릎 꿇린 "획기적인 승리"가 아니라, 사람들이 "끝까지 함께 남았다"는 사실이라고 했다.

그는 청산과 해고의 범위를 확장해 당장 앞으로 줄지어 일어나게 될 산업 전환과 관련한 고민 또한 공유했다. 이는 개인, 조합, 공동체의 대응을 넘는 문제라 했다. 기업별 노조가 산업 변화에 대응할 힘이 있는가. 금속노조만 봐도 노동자들을 다른 산업으로 보낼 수 있는 힘은 없다. 결국 국가가 산업 전략을 세우고, 고용유지와 재취업, 탈락자의 생계를 포함해 설계를 해야 하는 문제다.

그의 말에 전적으로 동의하면서, 국가가 아닌 '나'와 '우리'가 할 수 있는 일은 무엇일지를 생각해봤다. 결국 행동과 목소리가 필요하다는 생각이다. 사회운동은 국가적 설계를 강제하기 위한 정치적 압력일 테고, 여론은 그 압력을 가능하게 하는 토대일 테니까.

법과 정치, 그리고 더 멀리: 윤중현, 장석우, 우원식, 오학수, 가토의 시간

법무법인 해마루 윤중현 변호사

윤중현은 한국와이퍼의 통상임금 소송을 승리로 이끈 변호사다. 그는 2002년에 변호사 생활을 시작했는데, 노동법에 관심이 많았기에 대단위 공단이 있는 안산으로 왔다. 민주노총 법률 상담을 하며 노무사 김수정, 박재철과 인연이 닿았고, 그들을 통해 더 많은 사람들과 연결되었다. 2015년, 좋은이웃이 창립할 당시엔 공동대표를 맡았다. 지역의 노동자들과 함께 엮여가는 과정에서 맡게 된 역할이었다. 활동이 어렵거나 낯설지는 않았냐고 묻자 오히려 다행으로 여긴다는 대답이 돌아왔다.

"변호사 생활하면서, 사람들과 함께하는 활동을 계속 생각했었어요. 오히려 좋은 기회였죠. 활동이 침체되어 있었는데, 그 역할을 할 수 있어 다행이라고 생각했어요."

한국와이퍼와의 인연은 좋은이웃 창립을 준비하던 막바지 단계에, 통상임금의 법률적 쟁점에 대한 설명을 부탁받으면서 시작되었다. 그러면서 통상임금 소송사건을 맡게 되었다. 한국와이퍼처럼 대규모 통상임금 소송을 맡은 적은 없었지만, 통상임금의 법 논리를 살펴봤을 때 어느 정도는 자신이 있었다. 그렇게 연결된 사람들을 통해 노동활동의 의미를 배우는 일이 좋았기에 더 반가웠다.

윤중현은 한국와이퍼에 교육을 하러 간 어느 하루의 인상 깊었던 경험 하나를 들려주었다. 소송에 관한 설명을 마치고 밥심 모임 자리에 함께 앉았을 때였다.

"사람들이 어떻게 모이고, 어떻게 자기 힘듦이나 일상을 터놓고 공유하는지를 보고 놀랐어요. 그게 노동운동이 어때야 하는지에 대한 상을 보여주는 것 같았어요. 회사에서 잘리게 되는 게 아닐까 하는 걱정이나 두려움을 서로 얘기 나누면서 '그럼 같이 때려치우면 되지' 하고 서로 힘도 주고 위로하고 북돋워주면서 함께 가려 하는 모습을 봤거든요. 그게 투쟁 내내 멋있는 모습으로 남아 있어요. 제가 한국와이퍼에 함께 한 게 되게 고마운 일이라는 생각을 했어요."

덕분에 그는 소송을 준비하는 시간 또한 즐거웠다고 했다. 하지만 1심은 패소였다. 법리상으로 패소라는 결론은 말이 안 됐다. 법원에서는 '신의 성실의 원칙'을 적용했다. 쉽게 말해, 인용하는 것이 맞다 해도 회사의 피해가 커질 것을 우려해 기각한다는 의미다. 신의 성실의 원칙은 법적 안정성을 해칠 수 있어 극히 엄격하고도 예외적으로만 적용해야 할 원칙이었다. 윤중현은 무조건 2심으로 가자고 했다. 법의 끝은 언제나 불확실한 것이었지만, 그는 물러서지 않았다. 이유는 단순했다. 그가 이 사건을 자신의 일로 받아들이고 있었기 때문이다.

"의뢰인과 대리인을 넘어, 그냥 내 일이라고 생각을 했어요."

2심에서 승소를 했고, 지급된 통상임금 중 5700만 원이 좋은이웃에 기부되었다. 윤중현은 이 결정에 대해 경외했는데, 한편으론 이것이 한국와이퍼가 운동해온 방식의 연장이라고도 보았다. 자신의 노동과 삶이 자기 사업장을 넘어 지역의 노동자들과 엮여 있다는 인식에서 비롯된 것이라고. 이는 좋은이웃이 표방하는 "공동체 노동운동"과도 맞닿아 있었다.

그런데 사실 한국와이퍼의 이 결정에는 윤중현 변호사의 영향도 적지 않았다. 당시의 기부와 관련해, 최윤미가 이런 이야기를 한 적이 있다. 소송에 온 마음을 다하고 수임료 또한 최소한의 비용만 받은 그가 아니었다면, 결과는 달랐을지도 모른다고. 가진 것을 나의 곁과 이웃에게 나누는 태도를 바로 윤중현에게서 배웠다고.

윤중현은 통상임금 소송 즈음의 이야기를 끝내고 다른 이야기로 넘어갔는데, 그의 표정이 이때 가장 상기된 듯 보였다. 한국와이퍼 사람들의 점거 현장에 들렀던 때의 이야기였다.

"우산을 써도 옷이 상체까지 젖을 정도로 비가 억수로 왔던 날로 기억해요. 그때 아마 회사가 문을 닫고 현장의 조그마한 공간을 조합원들이 지키고 있는 그런 상황이었던 것 같거든요. 저도 응원을 하러 간 날이었어요. 그날, 거기서 앞으로 어떻게 할 것인지에 대한 토론도 하고 회의도 하는 시간이었거든요. 그거 끝나고 나서, 거기서 노래도 부르고 떠들고 하더라고요. 밖에는 비가 쏟아져서 차에 뭘 두고 와서 나갔다 오면 전부 다 젖었거든요. 그런 상황인데도 되게 즐겁고 행복한 모습들이 보였던 게 생생하게 남아 있어요. 많이 힘들고 두렵고 어려웠을 텐데도 서로에 대한 믿음을 가지고 그렇게 웃을 수 있다는 사실이 놀라웠어요. 그게 아직도 기억에 남아요."

윤중현에게 한국와이퍼 투쟁은 법을 통과하는 과정과 법의 언어만으로 설명되지 않는다. 통상임금 소송 준비와 노사협의회 시절을 지나면서 겪었던 불안, 그 불안을 함께 위로하고 다독이던 일, 회사 청산을 통보받은 뒤에도 주저앉지 않고 서로를 믿고 즐겁게 웃으며 나아가던 장면, 두려움마저 터놓고 공유하며 정리되는 날까지 서로의 손을 놓지 않았던 시간이 윤중현의 기억 안에 함께 있다. 이 모든 과정을 그는 "이상적인 노동조합의 모습"이라는 말로 표현했다.

윤중현에게 통상임금 소송을 포함해 한국와이퍼와 함께 통과한 그 주변부의 일들은 관계 속에서 법이 어떻게 쓰일 수 있는지를 보여주었다. 법은 그 관계를 대신할 수 없었지만, 그 관계 안에서 비로소 힘을 가질 수 있었다. 이때 그 힘은 법의 자리를 넘어 이웃과 지역사회 쪽으로 품을 확장했다. 이 관계의 한가운데에, 윤중현은 변호사를 넘어 함께 배우는 사람, 함께 서로를 일으키는 사람으로 서 있었다.

민주노총 법률원 장석우 변호사

장석우 변호사가 한국와이퍼를 처음 만난 건 사측이 회사를 정리하려는 조짐이 깊어질 무렵이었다. 매각이나 청산이 소문으로 떠돌았고, 조만간 법적 대응을 준비해야 할 것 같다며 최윤미 분회장이 상담을 하고 갔다. 2022년 5월이었다. 장석우는 민주노총 법률원에 재직하며 이미 수많은 폐업과 청산을 다뤄왔지만, 한국와이퍼가 처음 내민 자료를 보면서는 의

아했다. 2021년에 체결된 고용안정협약 때문이었다. 협약의 구성과 내용이 어느 곳보다 탄탄하고 완벽했다. 그는 회사가 쉽사리 어떻게 하지는 못할 거라며 최윤미를 안심시켰다.

그해 6월 말과 7월 초, 두 차례 조합원 교육을 하러 갔다. 일반적인 구조조정 법리와 함께, 한국와이퍼 단협이 가진 힘을 설명했다. 그 시점까지만 해도 싸움은 '준비' 단계였다. 그러나 7월 7일, 회사가 청산을 공식화하자 즉각적인 대응이 필요해졌다. 장석우는 곧바로 청산 금지 가처분 준비에 들어갔다.

이 가처분은 청산 자체를 멈추는 것이었다. 그는 청구 내용을 여섯 가지로 구성했다. 그중 하나만 인용돼도 회사의 청산 절차는 멈출 수 있었다. 장석우는 인용이 될 수 있다고 봤다. 하지만 결과는 전면 기각이었다. 청산은 상법상 경영의 영역이라는 판단. 단협이 있어도 막을 수 없다는 결정이었다. 그는 결정문을 다시 읽었다. 그리고 거기서 '다음'을 봤다.

"결론 자체는 기각이지만, 내용을 보면 쟁점이 있었어요. 청산 과정에서 사용자가 처분할 수 있는 목록과 그렇지 않은 목록을 살펴봤죠. 특히 근로관계 종료 등에 대해서는 노사가 단체협약을 체결했다면 그것을 유효하게 볼 수 있다는 그런 내용이 있었거든요."

장석우는 이 문장을 놓치지 않았다. 청산은 못 막아도 해고는 다를 수 있다는 힌트였다. 하지만 절망적인 심경이 되었을 조합원들이 너무 걱정됐다. 걸음이 무거웠다. 그런데 막상 마주한 조합원들은 생각과 달랐다. 장석우는 조합원들로부터 오히려 힘을 받았다.

"조합원들 표정 보고 또 싸우면 되겠구나, 하는 생각을 하게 됐어요. 마음 되게 무겁게 안산에 내려갔다가 정말 엄청 가벼워져가지고 다시 서울로 올라왔어요. 오히려 에너지를 받고 왔어요."

장석우는 다시 힘을 냈다. 결정문을 받은 지 일주일도 채 되지 않아, 해고 금지 가처분 소송을 신청했다. 이미 회사는 전원 해고 통지를 준비하고 있었다. 만약 이 가처분이 기각되면, 조합원들은 그 순간부터 노동자가 아니게 된다. 그렇다면 모두가 삶을 걸고 하는 이 투쟁에 제동이 걸릴 수 있었다. 그들의 생계와 생존이 더 크게 휘청일 수 있었다. 마음이 급해졌다. 속도를 늦출 수가 없었다.

"한국와이퍼가 비조합원까지 하면 거의 300명 가까이 되는데 이분들의 생계가 달려 있는 것이지 않습니까? …… 그래서 온 힘을 다했죠. 이런 단체협약이 있는, 이른바 경영 사항에 대해서 제한을 할 수 있는, 지금까지의 그런 모든 사건을 다 조사해가지고 법원에다 냈죠.”

그 수많은 사건 중에 2014년경 포레시아배기컨트롤시스템코리아에 대해 내려진 판결이 한국와이퍼의 경우와 가장 유사했다. 고용안정협약을 위반한 정리해고였는데, 협약의 유효성을 인정하면서 정리해고를 무효로 판단했던 사건이다. 장석우가 직접 맡아 진행했던 이래오토모티브시스템 사건도 도움이 됐다. 비법률적인 부분 또한 강조했다. 덴소 자본이 청산과 해고의 근거라 주장하는 적자 상태의 지속에 대해, 재판부 앞에서 자료를 띄워가며 조목조목 반박했다. 공장의 적자가 얼마나 의도적인지, 적자 상태를 만들기 위해 어떤 식의 기획 경영이 있었는지를. 장석우는 변호사인 동시에 회계사이기도 했다. 자금 흐름에 관한 회계자료를 낱낱이 분석해 정리했을 것이다.

그렇게 2023년 1월 30일, 해고 금지 가처분이 인용됐다. 청산을 멈추지는 못했지만, 해고는 막았다. 그 결정으로 조합원들은 임금을 받으며 싸울 수 있는 시간을 얻었다. 장석우는 그 일을 두고 “투쟁의 장을 확보한 것”이라고도 이야기했다. 싸움을 계속할 수 있는 조건을 만들었다는 뜻이었다.

장석우는 이 투쟁과 관련한 소송의 경과를 설명하면서, 이를 확장해서 보아야 할 필요에 대해서도 짚었다. 한국와이퍼 사건이 드러낸 것은 특정 기업의 문제가 아니라, 외국자본을 대하는 한국의 법체계 자체가 가진 구조적인 취약성이었기 때문이다.

"우리나라 외투자본과 관련된 이 법체계 자체가 외투자본을 유치하고 지원하는 것에만 초점이 맞춰져 있고, 이 자본을 어떻게 규제할지는 사실 완전히 그냥 방기하고 있어요."

외투자본의 철수를 막지 못하는 이유는 법이 애초에 외국자본을 끌어들이고 보호하는 쪽으로만 짜여 있기 때문이었다. 그렇다고 외투자본만을 따로 규제하려고 했을 때는, 국제 약속 및 통상 문제와 부딪힌다는 이유로 논의가 줄곧 멈추어왔다. 그 결과 외투자본은 여전히 쉽게 문을 닫고 떠날 수 있었고, 그 피해는 고스란히 노동자들에게 떠넘겨졌다.

"결국은 전체가, 그러니까 국내 자본이든 국외 자본이든 가리지 않고 모든 회사의 사회적 책임을 강화하는 방향으로 가야죠. 폐업을 어렵게 하고 청산을 어렵게 하고, 가능하면 좋은 일자리를 계속 유지하게끔 할 수 있는 그런 법이 필요한 거죠."

장석우가 말하는 대안은 외투자본을 특별히 보호하거나

특별히 배제하는 방식이 아니라, 국외 자본에 유독 느슨하게 작동해온 법적, 제도적 책임의 공백을 바로잡는 방향이었다. 한국와이퍼의 투쟁은 그 공백을 정면으로 드러낸 사례이기도 했다.

한국와이퍼분회 조합원들과 장석우가 끝내 붙들고 있었던 것은 '싸움을 계속할 수 있게 만드는 조건'이었다. 청산을 막지는 못했어도 해고를 멈춘 시간 동안 사람들은 흩어지지 않았고, 서로를 더 깊이 믿게 됐다. 이는 이후의 시간을 지속할 온기 어린 토대가 되었다.

을지로위원회 우원식 의원

우원식 의원이 2023년 초, 한국와이퍼 공장을 찾은 날의 기억은 또렷하다. 공장은 이미 가동을 멈춘 상태였다. 난방이 되지 않아 실내 공기가 바깥 공기 못지않게 차가웠다. 그런데 공간의 분위기는 전혀 달랐다. 특히 여성 노동자들이 많았던 현장은 뜨거움의 밀도가 피부로 느껴지는 장소였다. 우원식은 그 공기 속에서 이 싸움의 미래를 읽었다.

"난방장치가 거의 없었는데, 안의 열기는 굉장히 뜨겁더라고요. …… 서로 의지하는 마음도 크고 아주 단결이 잘되어 있구나, 그래서 이 싸움은 이길 수 있겠다, 하는 생각도 한편으로 들고, 그 뜨거웠던 열기도 기억이 나고 그렇습니다.”

그에게 한국와이퍼는 외투기업(외국인투자기업)이 한국사회를 어떻게 대하는지, 노동을 어떤 방식으로 다루는지를 선명하게 드러내는 사례였다. 개별 사업장의 분쟁이라기보다는 이미 여러 차례 반복되어온 외투기업 철수 사례들의 연장선에 놓여 있는 사안이라 할 수 있었다. 들어올 때는 ‘투자’와 ‘고용’을 약속하고, 떠날 때는 ‘경영상 판단’이라는 말만 남기는 장면들이 반복되고 있었기 때문이다. 한국와이퍼는 그 반복되는 장면에서 등장한 이름이었다. 정치가 개입해야 할 이유가 분명한 자리였다.

“외투기업들이 국내에 들어와서 정부와 지방자치단체로부터 여러 가지 혜택을 많이 보고 있는데, 그런 혜택에 비해서 덴소 자본이, 앞에서는 고용을 보장하는 것처럼 하고 뒤에서는 대량 해고를 하려는 계획을 쭉 세우고 있었던 그 기만적인 태도에 굉장히 놀랐어요. …… 노동자들에게 해고란 곧 죽음인데, 그래서 국정감사에서 한국와이퍼 문제를 다뤄야겠다는 생각을 했죠.”

300명에 가까운 노동자들은 고용을 유지하겠다는 조항

이 들어간 고용안정협약을 회사와 맺은 지 "불과 9개월 만에 갑작스러운 청산"을 통보받았다. 이 갑작스러움은 뒤늦게 공개된 문건 앞에서 더 경악스러운 것이 되었다. 2020년 2월 작성된 내부문건에는 '분기마다 판매량과 직원 수를 줄이고 2024년 12월 청산한다'는 계획이 담겨 있었고, '노동조합 현황 분석'과 '파업 대비 재고 비축 방안'까지 포함돼 있었다. 심지어 '회사 청산에 성공하면 42개월치 급여에 해당하는 특별 위로금과 성공 보수'를 경영진에게 지급한다는 계획도 있었다.

이 일련의 퍼즐은 우원식에게 외투자본의 문제를 핵심 사안으로 보게 했다. "한국산연도 있고 옵티칼하이테크* 문제도 있었다"는 그의 말은 한국와이퍼를 하나의 사업장에 얽힌 사건으로만 볼 수 없도록 만든다. 들어올 때는 혜택을 받고, 불편해지면 책임을 회피한 채 떠나는 방식. 그는 그러한 반복을

---

*　한국옵티칼하이테크는 일본 전자소재 기업 니토덴코가 100퍼센트 투자해 설립한 한국 자회사로, 경북 구미에서 LCD·디스플레이용 편광필름을 생산하던 외투기업이었다. 2022년 10월 구미공장 화재 이후 회사는 공장 복구 대신 법인 청산과 사업 철수를 결정하고 희망퇴직을 실시했고, 이를 거부한 노동자들을 정리해고하며 생산 물량은 같은 그룹 계열사로 이전했다. 해고 노동자들은 고용승계를 요구하며 공장 옥상 고공농성과 장기농성 등 투쟁을 이어왔다. 2026년 3월 기준으로 지금도 일본 본사와 계열사를 상대로 책임을 묻는 싸움이 계속되고 있다. 다음의 기사를 참고. 홍여진, 〈[현장 인터뷰] 여성 노동자 둘이 불탄 공장 위에서 사는 이유〉,《뉴스타파》, 2025.3.25.(https://newstapa.org/article/38P3t)

더 이상 관행으로 두면 안 된다고 보았다.

"우리나라에 들어와서, 우리 정부, 또 지방자치단체, 우리 국민들의 도움을 많이 받으면서 하는 거거든요. 이유는 좋은 일자리를 보장하라는 것인데, 여기서 혜택만 보고 조금만 불편해지면 그 공장이나 회사를 철수해서 돌아가는 아주 무책임한 행보를 보이죠. 그러니까 이득만 보고 불편함은 조금도 안 견디겠다는 거잖아요."

국정감사에서 그의 질의는 도덕적 비판에 머물지 않았다. 청산 국면에서 단체협약이 지켜졌는지, 사측이 사실상 대체생산을 진행했는지, 그 과정에서 덴소코리아와 원청인 현대자동차가 어떤 역할을 했는지가 주요한 질문이었다. 파업 이후에도 납품이 이어졌다는 정황, 사전에 재고를 비축한 흔적, 그리고 그 모든 과정이 노사교섭과 무관하게 진행됐다는 점을 지적했다.

또 하나의 축은 적자였다. 우원식 의원은 적자가 왜 발생했는지를 물었다. 일본 본사와의 내부거래, 기술이전 비용, 납품구조를 낱낱이 짚었다. 그는 인터뷰에서도 이 과정을 "기획된 적자"이자 "기획된 청산"이라고 꼬집어 말했다. 우원식의 질의가 날카롭게 이어졌던 국정감사 이후, 한국와이퍼는 고용노동부의 특별근로감독 아래 놓이게 되었고, 사안은 외투자본

구조 전반의 문제로 확장되어 국회 토론회를 비롯한 공론장이 여러 차례 열렸다.

그런데 이 긴박했던 국정감사 기간, 우원식 의원은 쉬는 시간 마주친 최윤미를 잠시 붙든 적이 있었다. 당시 우원식은 최윤미에게 미안해했다. 이때의 일은 최윤미가 잊지 못하고 있다가 우리에게 전해주었다.

"국회의원들 몇 명을 설득해서 질문을 할 수 있도록 배치했는데, SPC 사건이나 거통고 문제*도 있었고 건설사에서 사람이 죽은 문제도 있다 보니 전부 다 거기에 집중되어 있는 상황이어서 이렇게 당신밖에 이걸 준비 못하셨다고, 미안하다고 하셨어요. 저는 상상도 못했거든요."

최윤미는 그 말을 오래 품고 있었다고 했다. 국정감사 기간의 국회만큼 분주한 자리는 쉽게 찾아보기 힘들다. 그런 상

---

*　금속노조 거제·통영·고성 조선하청지회 노동자들이 경남 거제 조선소에서 벌여온 투쟁을 가리킨다. 노동자들은 임금삭감과 고용불안, 원청 책임 회피에 맞서 2022년 대우조선해양에서 51일의 파업과 선박 점거투쟁을 벌이며 하청 노동구조의 문제를 사회적으로 드러냈다. 대우조선해양이 2023년, 한화오션으로 인수된 이후에도 투쟁은 이어져왔다. 2025년 김형수 지회장의 서울 한화 본사 앞 고공농성을 계기로, 임금·단체협약 체결과 손해배상 소송 해결을 위한 협상이 이루어졌다.

황에서 국회의원 한 사람이 기어이 걸음을 멈춰 '미안하다'고 한 것이었다. 최윤미에게 우원식의 이 말은 이후 이어지는 긴 싸움 속에서, 이 투쟁이 결코 혼자만의 싸움이 아니라는 감각으로 남았을 것이다. 정치가 모든 것을 해결해주지는 못한다 해도 끝까지 마음을 다해 곁에 서준 이들이 있었다는 감각으로 말이다.

정치권에는 우원식 의원이 속한 을지로위원회라는 집단적 대응의 틀 또한 있었다. 을지로위원회는 '을을 지키는 길'이라는 뜻을 담은 기구다. 힘이 약한 쪽, 계약구조에서 늘 불리한 위치에 놓이는 사람들의 문제에 정치가 함께하겠다는 약속에서 출발했다. 개별 의원의 선의에 기대는 방식이 아니라, 상임위·입법·행정 감시를 함께 엮어 대응하는 구조였다. 한국와이퍼의 적자가 구조적으로 기획된 것임을 면밀히 밝힌 것 또한 그러한 집단적 분석과 대응의 결과였다.

"저희가 따로 회계사를 고용해서 덴소와 한국와이퍼의 회계구조를 면밀히 살펴봤어요. …… 결국 우리가 취한 최종적인 조치는 덴소 한국와이퍼가 납품하던 현대자동차에다가 이런 사실을 설명하고, 문제를 제기하도록 한 거죠." (이지환 정무조정비서관)

3월 15일, 공권력 투입이 있었을 때도 을지로위원회는 함께 대응에 나섰다. 정당하게 노동쟁의를 이어가던 노동자들을 향해 770명의 경찰 병력을 투입한 것은 명백히 "위법적이고 위압적인 공권력 행사"라며 성명을 냈다. 행정안전위원회, 환경노동위원회 등을 통해서도 문제를 제기했다. 이후 같은 방식의 공권력 투입은 반복되지 않았다.

우원식은 한국와이퍼의 싸움을 "멈추지 않고" 꾸준하게 길을 열어나간 노동자들의 모습으로 기억한다. 지도부는 차분했고, 조합원들은 단단했다. 그 힘은 이후 뚜벅이재단으로 이어졌다. 그는 이들의 투쟁을 "하나의 싸움이 사회적 연대로 옮겨간" 과정이자 "노동운동사에 남을 만한" 걸음이라 했다. 따뜻한 목소리였다.

일본노동정책연구·연수기구 특임연구위원 오학수

오학수 박사는 투쟁이 본격화되던 2022년 말, 금속노조를 통해 한국와이퍼로부터 일본어로 보내는 공문에 대한 번역 작업을 요청받고 이들과 연결되었다. 당시 오학수는 뉴스 보도를 통해 최윤미의 단식 소식을 들은 터라 "노동자들의 정당하고 처절한 요구를 실현하는 데 조금이라도 도움이 되지 않을까" 하는 생각에 기뻤다. 한편으로는 이런 투쟁이 침체되어 있었던 일본의 노동운동과 노동조합의 투쟁 방향에 자극이 될 수 있기를 바라는 마음도 있었다.

한국에서 작성된 요구서는 빠듯한 시간 속에서 건네졌다. 전달 시점을 놓치면 의미를 잃을 수 있었다. 오학수는 그 공문들을 받아들고 지체 없이 일본어로 옮기기 시작했다. 번역은 늘 시간과의 싸움이었다. 정책 연구는 물론이고 노동조합이나 대중을 대상으로 하는 강의만으로도 늘 바쁜 일과를 보내야 했기에, 밤을 새워 번역을 해야 하는 날도 적지 않았다. 그렇게 교섭 요구와 항의의 문장이 세심하게 일본어로 옮겨졌다. 오학수의 열의와 정성으로, 사람보다 문장이 먼저 바다를 건넜다.

"이게 시간과의 싸움이었지 않습니까? 최대한 신속하게, 그 다음에 정확하게 번역하되, 일본 사람들이 호감을 가질 수 있는 형태로 번역해야 한다는 생각으로 했습니다."

그의 번역은 일본 노동계와 기업이 받아들이는 언어와 문법에 맞게, 무시하기 어려운 형식으로, 감정을 자극하지 않으면서도 문제의 핵심이 분명히 드러나도록 조율된 번역이었다. 그것은 기술인 동시에 헌신이었다.

그의 번역을 통해 한국와이퍼의 공문은 덴소를 포함해 일본 금속노협과 덴소 노조, 자동차총련 등으로 전달되었다. 공문을 받은 노조 대부분은 "개별 노사 문제에 개입하지 않는

다"는 입장을 가진 조직들이었지만, 공문이 도착한 이후 한국
와이퍼의 투쟁은 이제 더는 알 수 없는 이국의 일로 마냥 가볍
게 무시해도 되는 일이 아니게 되었다.

오학수는 일본 노동계에서 독특한 위치에 있었다. 외국인
연구자로서, 일본의 가장 큰 노동조합인 노동조합총연맹 렌고
(약 700만 조합원)와 전국노동조합총연합(90만 조합원), 일본노동
조합총연합회(8만 조합원) 모두와 좋은 관계를 유지하고 있었
다. 경영자도 연구하고 노동조합도 연구했다. 보수적 노조와
도, 급진적 노조와도 원만하게 교류했다. 그래서 어느 쪽에도
편향되지 않은 사람으로 인식되었다. 그런 사람이 한국와이퍼
의 투쟁을 지원한다는 사실만으로도 이 싸움은 일본 노동계가
쉽게 외면할 수 없는 문제가 될 가능성이 높았다.

오학수는 공문 번역뿐 아니라 여력이 되는 대로 다양하게
조력했다. 1차 원정 때 원정대를 마중 나가고, 모두를 자신의
차에 태워 3시간이 넘는 길을 운전해 나고야의 덴소까지 함께
갔다. 덴소 본사 앞에서 경비와 실랑이가 벌어질 때도, 일본
경찰이 출동했을 때도 그는 든든한 연대자로서 노동자들 곁에
섰다. 이때 덴소에서는 긴 실랑이 끝에 인사부장이 나오기도
했는데, 그때 오학수는 명함을 건네며 자신의 이름을 밝혔다.
덴소 측에서도 오학수의 존재를 알고 있었기에, 이 투쟁을 허
투루 지나칠 수 없을 거라는 사실을 느꼈을 것이라 했다.

오학수에게 한국와이퍼 투쟁은 지원과 연대를 필요로 하

는 싸움 이상의 의미가 있었다. 그것은 일본 노동자들에게 보여주고 싶은 '가능성'이었다. 일본은 1990년대 이후 파업이 거의 사라진 나라다. 2023년 일본의 전체 파업 건수는 27건에 불과했다. 인구 1억 2000만 명의 나라에서 이런 수치는 놀랍다. 노동조합은 있지만 투쟁은 없고, 임금은 30년간 제자리다. '잃어버린 30년'이라고 부르는 일본 경제 침체의 이면에는 싸우지 않는 노동조합이 있었다. 기업별 노조 체제, 의례화된 임금교섭, 파업 없는 노사관계가 일본 노동운동의 현실이었다.

오학수에게 한국와이퍼의 일본 원정은 그래서 낯설었지만 동시에 선명했다. 파업권이 사실상 무력화된 조건에서도 이들은 싸움을 멈추지 않았다. 공장 안에서 막히자 공장 밖으로 나섰고, 법이 닿지 않는 지점에 이르러서는 국회를 움직였으며, 한국에서 막히면 일본으로 갔다. 일본사회에서는 거의 사라진 선택들이었다.

그는 한국와이퍼 투쟁의 장점을 이야기할 때 성과만을 나열하지 않았다. 대신 이 싸움이 어떻게 여기까지 올 수 있었는지를 짚었다. 덴소라는 일본사회의 실질적 주체를 끝까지 불러내려 했다는 점, 한국사회 안에서 형성된 연대의 밀도, 일본 내부에 여전히 남아 있는 연대의 불씨를 간절함으로 깨워냈다는 점, 그리고 국경을 넘는 투쟁이 상징이 아니라 실제 압박으로 작동할 수 있음을 증명했다는 점. 이 모든 것들은 일본의 노동운동이 오랫동안 잃어버리고 놓아버린 것이기도 했다.

그래서 오학수에게 한국와이퍼 투쟁은 일본사회를 다시 보게 만든 계기이기도 했다. 왜 일본에서는 이런 싸움이 더는 가능하지 않은가. 왜 노동자들은 기업 앞에 서지 않는가. 왜 책임을 묻는 언어가 이렇게까지 사라졌는가. 한국와이퍼의 일본 원정은 싸우지 않는 사회에 던져진 질문처럼 보였다.

그 질문을 그는 번역이라는 가장 조용한 방식으로 붙들고 있었다. 문장을 고르고 표현을 다듬어, 낮지만 분명한 소리로 노크를 했다. 작업 과정은 눈에 띄지 않았지만, 어느새 문이 열릴 수 있는 조건이 만들어졌다. 그 문을 통해 한국와이퍼는 일본사회 안으로 미끄러지듯 들어갔다.

통역사 가토

가토는 1차 원정부터 3차 원정까지 빠지지 않고 원정대 곁을 지킨 사람이다. 통역을 도맡아 하고, 이동 경로를 정했으며, 일본 연대자들과의 사이에서 다리를 놓았다. 일본에서 어떻게 하면 운동이 효과를 발휘할 수 있을지 아이디어를 내고 토론을 주도했다. 더 많은 이들을 한국와이퍼 노동자들 곁에 모이도록 하기 위해 고민하고, 주변에 도움을 요청하기도 했다.

"처음에는 통역만 하면 된다고 생각했어요. 그런데 그건 아무것도 아니더라고요. 문제는 일본 사람들을 어떻게 모을 것인가였어요."

가토는 나고야가 어떤 도시인지 알고 있었다. 토요타 자동차의 본거지, 덴소의 중심부. 이 싸움이 제대로 힘을 가지려면 그 도시의 노동조합과 시민사회가 움직여야 했다. 그는 나고야의 지역노조인 후레아이유니온의 위원장인 쓰르마루를 비롯해 나고야 지역 노동조합 활동가들을 한 사람씩 연결했고, 필리핀 토요타 노동조합을 지원하던 일본 연대 모임, 종교단체까지 접점을 넓혔다. 처음에는 손에 꼽힐 만큼 적었지만, 회의가 열리고 토론이 이어지면서 한국와이퍼 문제를 '일본의 문제'로 받아들이는 사람들이 빠르게 늘었다.

하지만 늘 순조로웠던 것만은 아니다. 특히 3차 원정 때 계획한 삭발투쟁 앞에서 논쟁은 격렬했다. 가토는 완강히 반대했다. 사죄와 자기 처벌로 읽힐 수 있는 삭발 퍼포먼스를 두고 문화의 차이, 메시지의 위험성 문제에 대한 토론이 오래 이어졌다. 하지만 한국에서 이미 충분히 논의된 끝에 내려진 결정이라는 설명을 되풀이하는 최윤미 분회장의 고집도 만만치 않았다. 다행히도, 이 고집이 균열을 만들어냈다. 토요타 100회 주주총회가 있는 날 삭발을 하겠다는 소식이 사측에 전해지자, 그동안 한 번도 모습을 드러내지 않던 덴소 직원들이 처음으로 나와서 말을 걸었다.

“두 명이 나와서 ‘제발 그건 그만둬달라’고 했어요. 그때 알았
죠. 아, 이건 통하는구나.”

삭발 당일, 나고야 지역의 노동조합 사람들과 시민들이
여기저기서 모여들었고, 엄숙한 분위기 속에서 행사가 진행됐
다. 원정대 중에는 눈물을 흘리는 이들도 많았다. 완전한 민머
리가 될 때까지 최윤미는 또박또박 힘주어 발언을 이어갔고,
가토는 거기에 사려 깊은 맥락 설명을 더해 정성스럽게 통역
을 했다. 삭발이 끝난 뒤 한국과 일본의 활동가들은 다시금 서
로를 다독였다.

가토의 말을 들으며 문득 궁금해졌다. 어떻게 이토록 꾸
준히 연대하고 헌신하고 돌보는 삶을 이어올 수 있었을까. 가
토는 이게 뭐 특별하냐는 듯 고개를 저으면서도, 자신의 어린
시절 이야기를 가만가만 들려주었다.

“어머니가 공동육아를 했어요. 여성들이 밖에서 일하는 건
당연했거든요. 밤늦게 집에 돌아올 때도 같이 씩씩하게 걸
어왔어요.”

어머니와 함께 씩씩하게 걸어서 집으로 돌아오던 밤은 가

토가 자주 떠올리는 기억이다. 어머니의 삶에서는 일과 돌봄이 분리되지 않은 채 생활 속에서 함께 이루어졌다. 돌봄이 희생이나 미담으로 존재하지 않았고, 노동은 가정의 바깥에만 머무르지 않았다. 가토는 그 시절, 누군가를 돌본다는 것이 자기 삶을 지우는 일이 아니라 삶의 리듬이자 태도였다는 것을 몸으로 배웠을지 모른다.

가토가 살아온 연대의 감각은 어쩌면 그 시절의 풍경에서 비롯되지 않았을까. 돌봄이 개인의 덕목이 아닌 집단의 실천이었고, 여성의 노동이 예외가 아닌 일상이었던 세계. 그는 그것을 '운동'이라고 부르지 않았지만, 그 세계는 분명 정치적이었다. 누군가를 함께 키우고, 함께 일하고, 함께 돌아오는 삶. 그렇게 함께 책임지는 삶. 연대에 대한 가토의 감수성은 그때 이미 싹트고 있었던 게 아닐까.

한국와이퍼 투쟁이 끝나자마자 한국옵티칼 투쟁이 본격화되었고, 가토는 다시 거기에 깊숙이 연결되었다. 2025년에 있었던 3개월간의 원정투쟁에도, 가토는 오사카에서 숙식을 함께하며 내내 그들의 곁을 지켰다. 한국옵티칼의 주주사인 니토덴코는 이런 일본의 연대자들에게도 "전략적 봉쇄 소송"을 걸었다. 니토덴코 사장 자택 접근에 대한 "면담 강요 금지 소송"을 비롯해 본사와 지사 등 모든 지역에서의 선전전을 금지하는 소송이었다. 가토는 "법이 늘 저희 편인 건 아니겠지만 그래도 언젠가는 이길" 거라고 씩씩하게 말했다. 대화의 마지막에는 여전히 무심한 어조로, '같이 살아가는 일'에 대해, 그리고 '책임'에 대해 이야기해주었다. 이번 기록은 그의 말을 마무리 문단으로 두고 싶다. 선물처럼.

"사측은 한국 문제라고 하지만 돌이켜보면 일본의 문제예요. 차별적으로 하고 있고, 일본사회가 그것을 용납하고 있다는 게 문제인 거예요. 그래서 연대한다기보다는 같이 살아가고 같이 책임을 지는 것이에요. …… 사람이라는 건 한 사람으로 존재할 수 없잖아요. 태어난 것부터가 그래요. 갑자기 뚝 떨어진 게 아니잖아요. 살아가는 것도 여러 사람들이 있는 가운데 한 사람으로 사는 거잖아요. 일본 또한 여러 나라 가운데 한 나라잖아요. 당연해요. 특별하지 않아요."

5 장

서로를 세우며 나아가도록:
최윤미의 이야기

버텨내는 것이 삶이던 시간을 지나

최윤미가 한국와이퍼에 첫 출근을 한 날은 2005년 12월 16일이었다. 이 날짜가 잊히지 않는다고 했다. 부산에서 나고 자란 그는 스물여덟 살에 남편을 따라 시흥으로 왔다. 남편은 노무사 자격을 땄는데, 반월·시화공단에서 무급 노무활동을 하겠다고 했다. 최윤미가 생활을 오롯이 책임져야 했다. 그는 공단의 일자리를 부지런히 알아봤다.

"여성이, 그것도 나이가 20대 후반이면 공단에 여성이 취업을 할 만한 데가 많지는 않았는데, 좀 그래도 탄탄한 데 가고 싶어서 주변에 물어보니까, 한국와이퍼가 여성들이 많이 다니고 외국 자본이라는 거예요. 일본 자본인데 회사가 괜찮다고, 여자가 다니기 괜찮다고 얘기해서 들어가고 싶어서 들어갔죠.”

당시에는 외투자본이 만든 공장이라는 배경이 '괜찮은' 일자리의 조건으로 읽혔다. 그렇게 입사를 하고 난 뒤, 최윤미가 처음 배치된 곳은 전조립 부서였다. 와이퍼의 쇳대를 조립하는 라인이었다. 여성들이 일하는 부서 중에서도 난이도가 높고 노동강도가 높은 축에 속했다.

“덩치도 작고 젊은” 여성이 들어왔으니, 사람들은 최윤미가 얼마 버티지 못하고 곧 나갈 거라 생각했다. 그래서 처음에는 다들 말도 걸어주지 않았다. 일주일쯤 지났을 땐 총무부 직원이 다가와 “나갈 때 꼭 말하고 가라, 그냥 안 나오지는 말고 작업복 반납하고 가라”고 이야기했다. 세 명이 한 팀을 이루어 공동작업을 하는 시스템이었기에 모두가 다 하는 연장근로를 빠질 수도 없었다. 몸이 버텨낼 수 있을지 의문이었다. 하루는 식당에 앉아 혼자 밥을 먹는데 “쟤 봐라. 손 떤다” 하는 말이 다 들렸다. 최윤미는 이를 악물고 견뎠다. 3년 동안은 집에 와서 거의 매일 울었다. 온전히 적응하는 데 3년이 걸렸다는 뜻이다.

“조립을 하면 쇳가루들이 밀려나오니까, 뾰족한 쇳가루들이 장갑을 찔러서 이렇게 살에 박히거든요. 그래서 언니들 일하는 거 보고 저도 비닐장갑을 한 겹 더 끼고 일하니까 조금씩 손바닥이 단단해지더라고요. 한 껍질 벗겨지고 나니까 손바닥이 단단해지고, 한 3년 정도 일하니까 일할 만하게 되고, 노동에도 적응하고, 사람들하고도 잘 어울리게 되고. 시간이 다 해결해주더라고요."

시간이 해결해주더라는 말이 오히려 그 시간의 무게를 더 깊이 상상하게 했다. 최윤미는 이처럼 힘겹게 일을 견디는 중에도, 재무제표를 들여다보며 회의실의 공기를 뒤흔들 만큼 날카롭고 적확한 질문을 했다. 그 질문이 계기가 되어 2009년, 노사협의회 노측 대표라는 책임도 맡게 됐다. 일에 적응하는 것만으로도 쉽지 않았을 시간이었지만, 최윤미는 사람들이 믿고 맡겨준 역할을 귀하게 여겼다. 재무 교육도 들으러 다니고, 사측과 어떻게 소통하고 협상할지도 틈틈이 고민했다.

듣는 일이 민주주의가 되기까지

최윤미는 무엇보다 이곳의 동료들이 어떻게 하면 더 나은 조건과 환경에서 함께 일하면서 삶을 꾸릴 수 있을지를 가장 공들여 궁리했다. 그러려면 그 일을 함께 궁리할 사람들이 필요했다. 그들과 조금 더 가깝게 연결되어야 했고, 서로의 말에 귀 기울이는 연습도 필요했다. 그래서 자주 밥을 나눠 먹었고, 밥심 모임도 만들었다. 그걸 발전시켜 소통위원회도 꾸렸다. 소통위원회가 함께 움직여 더 많은 사람들의 목소리를 듣고, 전하고, 모으기 시작했다. 이런 움직임이 점점 널리 번져나가고, 시간이 흐르는 동안 주변 사람들의 태도로도 배어들고 또 무르익었을 것이다. 한국와이퍼는 그렇게 예전과는 '다른' 공간이 되어가지 않았을까. 이와 관련해, 좋은이웃의 김원영은 최윤미의 '처음'을 강조해 이야기했다.

"제가 다닐 때는 조합은 아니었지만, 노사협의회가 있었어요. 그런데 아무리 좋은 취지여도, 꼭 불만이 있는 분들이 있잖아요. 그런 분들이 문제를 제기하거나 불만들을 윤미 언니한테 얘기를 많이 하는데, 그런 얘기들을 진짜 다 들어주거든요. 그게 너무 힘들어 보이니까 그만하라고 얘기하고 싶은데도, 윤미 언니는 그런 걸 다 들어주고 다 얘기해주고 그랬어요. 그런 것들을 다 봐왔기 때문에, 그런 사람들을 배제하거나 저 사람 문제 있다고 하기보다는 함께 가려 하고 설득하고 그런 것들을 몸소 보여주는 게 있었기 때문에, 간부들도 그렇게 해야 된다는 생각이 많이 있었을 거예요."

여기에 더해 김현정은 한국와이퍼의 '기풍'이 만들어지는 과정과 연관 지어 말하기도 했다. 최윤미가 해온 노력은 주변의 사람들을 '세우는' 방식에 가까웠던 것 같다고. 그 태도가 개인의 성향으로만 남기보다는 함께하는 이들에게 천천히 스며들며 하나의 기풍처럼 자리 잡아간 듯하다고. 모두가 최윤미와 같은 방식으로 행동했던 것은 아니겠지만, 적어도 직책을 맡은 이들이나 간부들 사이에서는 사람을 대하고 관계를 맺는 태도에서 그 방향을 의식하려는 흐름이 있었던 듯하다고.

이야기를 듣다가 생각했다. 한국와이퍼라는 공간에서 민주주의가 시작되고 실천된 것은 회의 체계가 제대로 자리를 잡았을 때부터도, 임금협상이 성공적으로 이루어졌을 때부터도, 노조가 출범했을 때부터도 아닌 것 같다고. 그건 최윤미가 듣고, 최윤미를 따라 그의 곁에 있는 이들이 듣고, 이렇게 듣는 일이 공장 안의 공기와 기풍으로 모자람 없이 흘렀을 때부터이지 않았을까.

이 흐름을 유지하는 일이 어느 순간부터는 줄곧 사람들의 마음과 태도의 기본값으로 존재하지 않았을까 싶다. 그 기본값을 품은 채 최윤미는 동료들과 함께, 할 수 있는 것들을 찾아서 해나갔다. 일반분회에 가입해 노사협의회와 노조에 대한 더 많은 배움을 쌓았고, 노동센터에서 노동과 임금에 관한 강의도 들었다. 그리고 '함께한다'는 것에 대한 공통감각을 키웠다. 직장 동료와 함께한다는 것, 이웃과 함께한다는 것, 특히 이웃 노동자와 함께한다는 것, 또 지역사회와 함께한다는 것.

그 사이 최윤미는 한국와이퍼에서 처음으로 육아휴직을

다녀온 사람이 되었고, 허리 염좌로 산재 신청을 한 최초의 인물이 되기도 했다. 그런 방식으로도 노동조건과 환경을 바꿔나갔다. 노사협의회 활동을 하면서도 등 벽보 행동을 통해 임금협상에 성공했고, 화장실 출입을 규제당하던 문제로부터도 해방되었다. 통상임금 소송에 이겼고, 노동조합을 만들었으며, "협약 위반 시 조합원 1인당 1억 배상"이라는 전례 없는 조항이 새겨진 고용안정협약도 체결했다. 이 모든 것들이 '함께'의 시간 안에 있었다.

그러다 큰 위기가 왔다. 회사가 청산 계획을 통보한 것이다. 이날 이후 사람들이 어떻게 아파하고 어떻게 서로를 지탱했으며 주위로부터 어떤 도움을 받아 함께 대응하며 이 시간을 나란히 통과하게 되었는지는 1부에서, 또 앞선 많은 이들의 목소리를 통해서 전했다. 여기서는 최윤미가 혼자 더 깊이 골몰하고 고민했던 시간과, 인터뷰를 통해 나누어준 그 밖의 이야기를 남겨보려 한다.

함께 남기 위해 다음 싸움을 그리다

2023년 1월, 최윤미가 44일간의 단식을 끝낸 뒤 공장점거라는 국면에 들어선 때였다. 해고 금지 가처분 인용을 받았지만 상황은 더 안 좋아지는 것처럼 느껴졌다. 덴소코리아의 와이퍼시스템에 대한 매각이 거의 완료되는 시점이었는데, 매각의 흐름에 한국와이퍼가 없다는 걸 확인했다. 덴소코리아의 와이퍼시스템 중 모터와 링케이지 부분은 매각하고, 브러시와 쇳대를 생산하는 한국와이퍼는 매각하지 않는다는 분명한 사실을 알게 된 것이다. 청산이 거의 확정적이라는 얘기였다. 그리고 청산을 하게 되면 고용의무는 사라진다. 최윤미는 그다음 싸움의 경로를 그려봐야만 했다.

"외투자본 철수에 대항해서 하는 투쟁이 정말 힘들어요. 다양한 방식으로 함께 싸우다가도 결국에는 소수만 남고, 단식이나 고공농성 등 극단적인 투쟁을 할 수밖에 없는 상황으로 가거든요."

한국와이퍼의 경우, 당시 209명이라는 다수의 인원이 남아 있었고 그 숫자가 보여주는 파급력은 꽤나 클 수 있었다. 불리한 조건은 아니었다. 하지만 기업이 돈으로 버틴다면 이탈하는 이들이 늘어날 수밖에 없고, 그렇게 되면 남은 사람들이 감당해야 할 하중이 커질 게 뻔했다.

"그렇게 되면 진짜 내가 소중하게 생각하고 정말 아끼는, 진짜 내 살 같은 이 사람들이 얼마나 힘들어질까. 저야 신랑도 이해해줄 만한 사람이고 어머니도 계시고 하니 괜찮은데,

그분들은 굉장히 고립된 투쟁을 하실 수밖에 없는 과정이
될 거란 말이죠.”

눈앞에 2~3년의 과정이 쭉 그려졌다. 고민이 깊어졌다.
혼자 차 안에서 1시간 이상 있어보기도 하고, 잠이 오지 않는
밤이 많아 집 앞 공원을 계속 걸어보기도 했다. 209명 전체가
정리할 수 있는 방안이 무엇일지를 고민했다. 대우자동차의
사례가 떠올랐다. 대규모 실업이 예정된 상황에서 이들의 재
고용과 남은 삶을 위해 사회적 고용기금을 출연해 운영한 사
례. 대우자동차의 경우는 기업 차원에서 이를 실천했다. 한국
와이퍼는 이와는 다르게, 노동자들이 직접 기금을 만들어 꾸
려나갈 수 있지 않을까 생각했다.

2023년 1월 말쯤 되었을 때 사회적 고용기금에 대한 상이
조금 더 분명하게 그려졌다. 정현철 지회장에게 이 구상을 털
어놓았다. 정현철 역시 그렇게 한번 해보자고 했다. 금속노조
경기지부에서는 해고 금지 가처분 소송 인용이 막 이뤄진 때
라, 시기가 적당하지 않다고 했다. 최윤미는 때를 기다리면서
기금에 대해 공부하고 조사하고 자문도 받았다. 그러다 3.15
가 벌어졌다.

“이때쯤 뭔가 흐름을 만들어야겠다고 생각했어요. 조합원들
에게 충격이 너무 컸어요. 공권력 탄압이라는 건 새로운 단

계의 탄압이라서 더 충격이 컸죠. 또 다른 새로운 단계로 전
개해가지 않으면 조합원들이 못 버틸 거라는 고민도 한 축
으로 있었어요. 그래서 4월에는 사회적 고용기금으로 정리
하자는 얘기를 본격화해야겠다는 생각을 한 거죠. 그렇게
제안을 하게 됐어요.”

처음엔 반응이 좋지 않았다. 간담회를 열었는데, 설명을
듣다가 중간에 나가버리는 이들도 있었다. 보통 조를 나눠서
현장 지킴이를 하고 선전전을 가는데, 여기에 안 나오는 사람
도 생기기 시작했다. 기금에 동의하기가 어려웠던 것이다. 다
행히 초창기에 함께 활동했던 이들과 당시의 간부들이 믿어줬
다. 그들은 반복해서 설명을 들었고, 긴가민가하면서도 최윤
미를 믿겠다고 했다. 한번 같이 가보자고 했다.

“상황이 어려워지니까 힘이 배로 발동하는 거죠. 오히려 이분
들은 이 시기에 힘을 배로 내어 활동하시더라고요. 더 열심
히 하시더라고요. 한 분이 서너 사람의 몫을 하는 거예요. 마
산 덴소코리아 앞에 가서 투쟁하는 것도 원래는 한 달에 한
번 갔으면 되는데, 2박 3일씩 서너 번을 간다든지, 그런 걸
스스로 결의해내고 그걸 감당하시더라고요. 사람이 또 그렇
잖아요. 그렇게 열심히 하는 사람이 있으면 미안하거든요.
미안하니까 결합을 안 하다가 또 결합하는 사람들이 좀 생겨

나기 시작했어요.”

최윤미는 그 힘으로 버텼다고 했다. 간부들이 먼저 힘을 내주었고, 그들에게 기댈 수 있었던 덕분에 함께 가볼 수 있었다고. 또 그들을 보면서 조합원들의 마음이 움직였다. 그 뒤로 일본에서의 3차 원정투쟁에서 삭발식이 있었고, 교섭이 재개되었다. 교섭 재개 후에 조합원들의 마음은 조금 더 열렸다. 최윤미는 이 일련의 과정을 가능하게 한 공동의 인식에 관한 배경 또한 세심히 설명해주었다.

한국와이퍼분회는 노조를 만들기 전 노사협의회 시절부터 ‘지역공동체 노동운동’에 관심이 많았다. 반월·시화공단은 한 사업장당 노동자 수가 평균 10명대에 불과해 노조를 만들기 어렵고, 만든다고 해도 사용자와의 교섭 여력이나 지불 능력이 없는 구조다. 이런 조건 속에서 우리만 잘 버티는 노조가 과연 진정한 노조인가, 하는 질문을 처음부터 해왔다. 그래서 한국와이퍼는 노조 설립 단계부터 우리의 권리를 내부에만 묶어두지 말고 지역의 노동자들과 함께 성장하자고 이야기해왔다. 그것이 결국 우리 스스로를 지키는 길이라는 인식이 있었고, 그 문제의식이 이 투쟁을 가능하게 한 동력이기도 했다. 사회적 고용기금은 바로 이 연장선 위에 있었다.

사람을 포기하지 않는 선택의 방식

사회적 고용기금으로 75억 5000만 원을 받았다. 그중 24억 원으로 재단을 만들었다. 24억 원은 재단을 안정적으로 꾸리기에는 아무래도 부족한 돈이라고들 말한다. 조금만 더 버텨서 더 받아냈으면 좋았겠다고 이야기한다. 하지만 최윤미는 동료들이 고생하고 힘들어하는 게 너무 마음 아팠다고 했다. 그걸 더 지속하게 하는 상상만으로도 "미칠 것 같다"고 했다. "더 길게 끌고 가는 일"은 그야말로 "욕심"이었다.

누군가는 더 큰 목표를 포기했다고 말할지 모르지만, 최윤미는 오히려 포기하지 않은 쪽에 가깝지 않을까. 사람을 포기하지 않은 쪽 말이다. 최윤미가 들려준 삽화 비유가 하나 있다. 흔한 비유일 수도 있지만, 그의 지향과 감각이 오롯이 비치는 것 같아 좋았다.

"되게 싫어하는 말이 '공정하다'라는 말인데, 이 논리에 함정이 있다고 생각해요. 그보다는 모두가 함께, 같이 살기 위한, 서로가 서로를 받쳐주고 세워주는 가치들이 저는 조금 더 중요하다고 생각을 하는데요. 삽화가 하나 생각나요."

야구장 담장 바깥에 사람들이 서 있다. 키가 작은 사람과 키가 큰 사람, 중간인 사람. 이들이 야구를 볼 수 있게 하려고 발돋움을 놓는다. 똑같은 높이의 발돋움이 아니라, 그들의 눈높이가 나란해지도록 각기 다른 높이의 발돋움을 놓는다. 그런데 누군가는 또 다른 상상을 한다. 그건 애초에 발돋움이 필요 없는 세계다. 담장 자체를 허무는 것이다. 그러면 키가 달라도, 휠체어를 타고 있어도, 앉아 있거나 누워 있어도 모두가 함께 야구를 볼 수 있다.

이 비유는 그가 동료들과 함께 노조를, 그리고 이웃 공동체를 꾸려왔던 가치와도 닮은 듯 보였다. 모두가 각기 다른 방식으로 희생을 감내하는 것이 아니라, 모두가 함께 갈 수 있도록 구조를 바꾸는 게 맞다는 생각. 위와 아래를 그대로 둔 채로 맞춰가기보다는 위와 아래라는 높낮이 자체를 없애는 것. 자기 사업장의 동료들뿐만이 아니라 이웃 노동자 모두를 위해 사회적 고용기금을 구상한 일이 그랬다. 기금 합의에 도달하는 과정도 이와 같았다.

길어지는 싸움은 개인의 일상과 마음을 조금씩 더 깊이 패게 하기 때문이다. 누군가는 힘겹게 빚을 막고 있고, 누군가는 주야 교대를 못 들어가 대출금 이자마저 버거워지고, 누군가는 목돈에 대한 갈망이 매일 아침 눈뜰 때마다 되살아났다. 투쟁이 길어질수록 원망이 커질 수밖에 없다. 그리고 그 원망을 받아내는 사람은 대체로 '열심히 하는 사람'이었다. 그들 때문에라도 서둘러 담장을 허무는 일이 무엇보다 중요했다.

그런데 이 모든 고민의 바닥에는 국가와 제도의 무책임이

놓여 있다. 최윤미는 일본 덴소 자본의 단협 위반과 부당노동
행위, 불법 대체생산 등에 대해 고용노동부에 진정을 넣기도
했는데, 돌아온 답변은 차갑고 단순했다. '외국인투자기업이
어서 처벌이 힘들다'는 것이었다. 국가가 책임을 미루는 순간,
책임은 다시 개인에게로 떠맡겨진다.

　최윤미는 열두 살 딸에게 이런 질문을 받았다. "엄마, 세
금은 왜 내야 해?" 최윤미는 답했다. "국민의 권리를 잘 지킬
수 있도록 국가를 잘 운영하라고 세금을 내지." 하지만 이 답
은 최윤미가 단식을 하면서 금이 가고 말았다. 딸이 세금을 내
지 말라고 했다. 정치적 언어를 배우지 않았는데도, 정치의 구
멍을 먼저 본 것이다. 권리를 보호하기는커녕 생계의 위협마
저 외면한 채 오히려 고통을 주는 세계. 엄마가 밥을 끊었을
때조차 제대로 작동하지 않는 세계.

　그럼에도 사람은 살아야 한다. 서로를 지키고 돌보고 책
임지면서, 살아야 한다. 사회적 고용기금과 이를 통해 만든 뚜
벅이재단은 이 명제들을 깊이 품은 실천이었다. 제도가 책임
지지 않는 자리에서 어떻게 서로를 책임질 수 있는지를 물으
며, 더듬으며 찾아간 한 작은 숲이었다.

담장을 허물고 다시 '함께'를 세우기 위해

2024년 6월, 뚜벅이재단 창립총회가 열렸다. 인터뷰가 진행된 때는 창립 2주년이 가까워오는 시점이었다. 최윤미는 1년 동안은 많이 불안했다고 말했다. 재단이 제대로 돌아갈 수 있을지 고민이 깊었다. 현재는 아주 조금씩이나마 틀을 잡아가고 있다.

"적다면 적을 수 있지만 크다면 또 굉장히 클 수 있는 돈이라는 생각이 들어요. 이 돈을 하나도 허투루 쓰지 않고 우리의 원래 취지에 맞게끔 쓰일 수 있도록 해야 한다는 부담감과 압박감이 심하죠."

그럼에도 최윤미는 용기를 낸다. 주변에서 보내주는 지지와 응원 덕분이다. "이런 거 하려고 해요, 라고 하면 뭐든 해도 돼, 다 해요"라는 대답이 예외 없이 돌아온다. 한국와이퍼분회 활동을 병행하면서 하기에 더 바쁘기는 하다. 노동조합에 속하지 못하는 권리 밖 노동자들, 열악한 노동조건에 놓인 노동자들을 품는 일을 더 많이 찾아서 하려고 한다. 지역의 노동단체와 노동조합이 연결고리를 가질 수 있도록 재단이 허브 역할을 해보려고도 한다. 가장 중요한 건 사람이다.

"209명의 조합원들이 투쟁을 통해서 노동의 주인으로, 세상의 주인으로, 그리고 노동자답게 서는 과정이 있었잖아요. 이들이 다시금 개인으로 흩어지는 것이 아니라, 재단을 통해서 어쩌면 더 성장해가고, 투쟁의 과정에서 단련했던 걸 가지고 사회에서 더 큰 자기 역할들을 할 수 있도록 지원하는 게 우리 재단의 중요한 과제겠다는 생각을 해요. 얼마나 소중한 사람들이에요. 이 209명의 사람들이 우리 지역의 재산인 거죠."

1부에서 소개한 대로, 재단은 조합원 밥값 지원, 노무사 상담 지원, 청소 노동자와 경비 노동자 야유회를 지원했고, 지역 요양보호사 모임도 꾸려 진행 중이다. 백서 제작, 다큐 영화 상영회도 계획하고 있다. 한국와이퍼 투쟁으로 만들어낸 국제연대를 확장하고 공고화하는 작업도 이어가고 있다. 일본의 전노협, 유니언네트워크와도 소통하고 있다. 일본에서 다큐 상영회가 열릴지도 모른다. 법률센터도 고민 중이다. 공익적인 성격이 강화된 법적 지원 체계가 만들어지면 좋겠다는 생각에서 하는 고민이다.

"우리 지역에 진짜 훌륭한 법조인들이 있어요. 변호사, 노무사, 노동자들의 벗이 되어줄 수 있는 그런 분들을 묶어서 공익 법률 지원 사업들을 해가며 뚜벅이재단의 어떤 고유한 정체성을 갖게 하면서, 공부도 하고 그 필요성에 대해서 느낄 수 있도록 해서 같이 만들어갔으면 좋겠다는 바람이 있죠.”

몸이 하나인 것이 아쉬운 상황이다. 공익사업과 재정사업 구상, 조합원들을 챙기는 일, 지역 연대를 위해 어디든 가서 몸을 세워두고 체온을 보태는 일. 최윤미는 여전히 주말과 저녁이 있는 삶을 꿈꾸게 된다고, 웃으면서 말했다. 아이러니하게도 얼굴에는 생기가 돌았다. 그 투쟁의 시간 안에 있지 않은 나조차 그에게 고마웠다. 숙연한 마음이 들었다. 어떻게 이 삶을 지속할 수 있는지, 어떻게 지치지 않을 수 있었는지 궁금했다.

“저는 사람들 덕분에 힘을 내요. 저보다 훨씬 더 어려운 환경 속에서 활동 결의를 하는 우리 간부들, 조합원들을 보면 쉴 수가 없어요.”

최윤미는 남편의 강압적 반대 속에서도 끝까지 회의에 참석하고 함께하는 언니들, 경제적인 형편이 누구보다 어려운데도 누군가 어렵고 힘든 일을 당하면 제일 먼저 팔 걷어붙이고 나서는 사람들, 암 투병 중에도 늘 노조 일에 관심을 가지고 제일 먼저 달려오는 한 사람을 이야기했다. 그들 낱낱의 걸음과 이야기와 사정이 최윤미를 버티게 하고 힘내게 한다고 했다.

"사람이 배신할까봐 두려웠던 적은 없는 것 같아요. 우리 언니들이 계셔가지고. 이 사람들이 어디로 떠날 거라는 생각은 단 한 번도 해본 적이 없고. 걱정했던 건 이 사람들이 힘들어지면 어떡하나, 같이 남아 있다가 힘들어지면 어떡하나, 이런 생각을 많이 했던 것 같아요."

그에게 중요한 것은 늘, 결과보다 그 결과에 이르는 태도가 아닐까 싶었다. 그래서 최윤미의 이야기는 어떤 태도를 계속해서 연습해온 시간에 가깝다. 그는 언제나 사람들 사이에 머물렀고, 선택의 순간마다 누구 하나라도 덜 상처 입는 쪽, 모두가 함께 감당할 수 있는 쪽이 어디인지를 먼저 살폈다. 더 오래 버티는 일보다, 서로를 버리지 않는 일이 무엇인지 묻는 데 시간을 썼다. 돌봄과 책임은 힘주어 말하지 않아도 그와 그의 곁들에서 입김처럼 피어올랐다.

나는 그의 이야기를 따라다니고, 이야기 속으로 더 깊숙이 들어가보기도 하면서, 그의 마음과 함께 나란히 뚜벅뚜벅 걷는 느낌이었다. 담장이 없는 누구나의 학교에서 실컷 공부하고 나온 기분이었다. 이곳에 더 많은 친구들과 손잡고 공부하러 오고 싶었다.

몸들이 남았다

공장이 사라진 자리에 돋아난 것은 저마다의 오래된 이름

서로를 그늘로 삼은 사람들이 그곳에서

울고 웃고 노래하고,
몸을 겯고 말하고,
말라가는 몸의 곁을 지켰다

이 모든 누군가는 잠들지 못한 밤이 있고
작게 쪼그려 앉아 시간을 세어본 적 있지만

서로를 덮어주던 그늘은 방향만 바꿀 뿐 사라지지 않았다

다시 분주히 채워지는 컵
둥근 대형을 만들며 모이는 의자들

울타리가 사라진 자리에, 기대고 또 받치는 무수한 몸들
　이 남았다

한숨 자고 일어나면, 멀리서 다시 오는 웃는 몸들이 보인
　다 따라 웃는 몸들이 있다

2013	생산직 평사원 중심의 노사협의회 노측위원회 구성
	노사협의회 노측위원회 산하 소통위원회 결성
2014	통상임금 미지급분 소송을 위한 첫 사원총회
2015	좋은이웃 공제회 창립 준비위원회 조직적 참가 결정
2016	고용안정 대책위 결성, 사측의 하도급화 철회 투쟁 승리
2017	통상임금 소송 승리 및 사회연대기금 출연
2018	전국금속노동조합 한국와이퍼분회 설립
2020	고용안정 투쟁 시작
2022	한국와이퍼노조 청산 철회 투쟁
	덴소규탄뚜벅이 투쟁, 국정감사
	44일간 국회 앞 단식농성
2023	209명 조합원의 8개월간 공장 사수 투쟁
	3.15 공권력 투입
	3차 일본 원정투쟁
	노사합의 조인식
	한국와이퍼 사회적 고용안정기금 운영 준비위원회 결성
2024	재단 설립을 위한 지역사회 공개토론회
	6.13 재단법인 뚜벅이 창립

공장이 사라지고 남은 얼굴들

초판 1쇄 펴낸날 2026년 5월 1일
기획 재단법인 노동존중 세상을 향한 우직한 걸음 뚜벅이
기록 희음
펴낸이 박재영
편집 임세현·이다연
디자인 조하늘
제작 제이오
펴낸곳 도서출판 오월의봄
주소 경기도 파주시 회동길 513 203호
등록 제406-2010-000111호
전화 070-7704-5240
팩스 0505-300-0518
이메일 maybook05@naver.com
X(트위터) @oohbom
블로그 blog.naver.com/maybook05
페이스북 facebook.com/maybook05
인스타그램 instagram.com/maybooks_05

ISBN 979-11-6873-178-3 03330

책값은 뒤표지에 있습니다. 잘못된 책은 바꾸어 드립니다.

만든 사람들
책임편집 이다연
디자인 조하늘